철학 편지

볼테르 著 | 이병애 譯

東文選

철학 편지

차 례

퀘이커 신자에 관하여[1]

　이성이 있는 인간이라면 남다르게 특별한 종교를 믿는 어떤 교민의 역사와 교리에 대해서 호기심을 가질 만하다고 나는 생각했다. 이에 대해 좀 더 알아보기 위해서 영국의 유명한 퀘이커 신자 한 명을 찾아가 보기로 했다. 그는 30년간 상업에 종사한 후 자신의 재산과 욕망에 한계를 긋고 은퇴하여 런던 근교의 시골에 살고 있었다. 나는 은둔지로 그를 찾아갔다. 작지만 잘 지어진 그 집은 장식 없는 정결함이 가득했다. 그 퀘이커 신자는 정념이나 무절제와는 거리가 먼 생활을 하여 한번도 병에 걸려 본 적이 없는 정정한 노인이었다. 나는 살아오면서 그 노인보다 더 고상하고 매력적인 태도를 지닌 사람을 본 적이 없다. 그는 퀘이커교를 믿는 모든 사람들이 그러하듯이 양옆에 주름이 없고 주머니 위나 소매 위에 단추가 없는 옷을 입고, 우리 나라 성직자처럼 테두리가 접힌 커다란 모자를 쓰고 있었다. 그는 모자를 쓴 채로 나를 맞이하며 몸을 조금도 굽히지 않은 채 내게 다가왔다. 그러나 한쪽 다리 뒤로 다른 한쪽 다리를 빼면서 머리를 덮으려고 만든 물건을 손에 쥐는 관습보다 그의 얼굴이 풍기는 개방적이고 인간적인 표정이 훨씬 공손함을 담고 있었다.

"친구여." 그가 내게 말했다. "보아하니 외국인이구려. 내가 도울 일이 있다면 말해 보라."

"선생님" 하며 나는 우리의 관습대로 몸을 숙이고 한 발을 그를 향해 미끄러지듯 내밀면서 정중하게 말했다. "제 당연한 호기심을 언짢아 마시고 당신의 종교에 대하여 제게 알려주신다면 영광이겠습니다."

"너희 나라 사람들은 칭찬하는 말을 너무 많이 하고, 무릎을 굽혀 절도 많이 하는구나." 그가 대답했다. "하지만 너 같은 호기심을 지닌 사람은 아직 본 적이 없구나. 들어와라. 우선 함께 저녁식사를 하자."

사람이란 갑자기 습관을 벗어던질 수는 없기 때문에 나는 여전히 몇 마디 시시한 의례적인 인사말을 늘어놓았다. 기도로 시작하고 기도로 끝나는, 정갈하고 소박한 식사를 마치고 나서 나는 질문을 시작했다. 선량한 가톨릭 신자들이 신교도들에게 한 번 이상 해 본 질문인 '세례를 받으셨습니까?'로 시작했다.

"아니, 내 동료들도 한 명도 받지 않았다." 퀘이커 신자가 내게 대답했다.

"뭐라구요, 이럴 수가, 그럼 당신은 기독교인이 아닙니까?" 내가 대꾸했다.

"아들아" 하고 그가 온화한 어조로 다시 말했다. "절대로 단언하지 말아라. 우리는 기독교인이다. 훌륭한 기독교인이 되도록 노력하자. 우리는 기독교가 머리에 찬물을 뒤집어쓰고 소금을 약간 뿌리는 것으로 유지된다고는 생각하지 않는다."

이런 버릇 없는 말에 화가 나서 내가 또다시 말했다. "아! 이럴 수가. 당신은 예수 그리스도께서 세례자 요한에게 세례를 받으셨다는 것을 잊으셨습니까?"

"친구여, 단언하지 말랬는데 여전히 또 그러는구나." 온화한 퀘이커교도가 말했다. "그리스도께서는 요한의 세례를 받으셨지만,[2] 아무에게도 세례를 주지 않으셨다. 그런데 우리는 요한의 제자가 아니라 그리스도의 제자들이다."

"아아! 종교 재판이 있었으면 당신은 화형을 당했을 거요. 가엾은 양반! …신의 사랑으로 내가 당신에게 세례를 베풀고, 당신을 기독교인으로 만들 수 있기를 바랍니다!" 내가 말했다.

"네 약한 마음을 받아주기 위해 꼭 그렇게 해야 한다면 기꺼이 그렇게 하마" 하고, 그가 진지하게 말을 받았다. "우리는 누구라도 세례 의식을 행했다고 벌하지 않는다. 하지만 온전히 거룩하고 영성적인 종교를 공언하는 사람들은 되도록이면 유대교의 의식들을 삼가야 한다고 우리는 생각한다."

"세례 안에 다른 종교 의식들이 버젓이 있다는 겁니까? 유대교의 의식이라니오?" 내가 소리 질렀다!

"그렇다, 아들아!" 그는 말을 이었다. "오늘날 아직도 가끔 여러 유대인들이 세례자 요한의 세례를 행할 만큼 세례는 유대교적이다. 고대 사회를 생각해 봐라. 그러면 요한이 그런 관습을 쇄신했을 뿐이라는 것을 알게 될 것이다. 메카 순례가 이스마엘의 후예들 사이에서 관습이었던 것처럼 히브리인들 사이에서 세례는 요한이 오기 훨씬 이전부터 관습이 되어 있었단다. 예수는 요한의 세례를 받고자 했고, 또한 할례도 받았었다. 그러나 할례와 세수 의식은 둘 다

그리스도의 세례, 즉 성령의 세례인 인간을 구원하는 영혼의 세정에 의해 없어져야 하는 것이다. 그래서 선구자 요한은 이렇게 말했단다. '내 뒤에 오시는 분은 나보다 훨씬 큰 능력을 지니신 분이다. 나는 그분의 신발 끈을 풀어 드릴 자격조차 없다. 나는 물로 세례를 주지만 그분께서는 너희에게 불과 성령으로 세례를 베푸실 것이다.'[3] 마찬가지로 이방인의 위대한 사도 바오로는 〈고린도서〉에서 이렇게 썼다. '그리스도는 나로 하여금 세례를 주라고 보내신 것이 아니라 복음을 전하라고 보내셨다.'[4] 그래서 바로 그렇게 말한 바오로는 두 사람에게만 물로 세례를 주었을 뿐이며, 그것도 본의는 아니었다. 그는 제자인 디모데에게 할례를 베풀었고, 다른 사도들도 역시 원하는 사람들에게 할례를 베풀었다. 너도 할례를 했느냐?"그가 덧붙여 물었다. 나는 그런 영광을 갖지 못했노라고 대답했다.

"그러면 친구, 너는 할례하지 않은 기독교인이고, 나는 세례받지 않은 기독교인이구나."

이렇게 내가 만난 그 거룩한 노인은 꽤 그럴듯하게 그의 교파에 유리해 보이는 성서 구절 서너 가지를 마음대로 인용했다. 그러나 그의 교파를 굴복시킬 백여 구절은 세상에서 가장 독실한 믿음으로 잊어버리고 있었다. 나는 그에게 아무 이의도 제기하지 않으려고 조심했다. 열성주의자[5]를 이길 수 있는 것은 아무것도 없기 때문이다. 남자에게 그의 애인의 결점을 말해 주지 말아야 하며, 소송인에게 소송 원인의 미약함을 말하지 말아야 하고, 계시를 믿는 자에게 이성을 깨우치려 하지 말아야 하는 법이다. 그래서 나는 다른 문제로 넘어갔다.

"영성체에 관해서인데요." 내가 그에게 말했다. "당신은 어떻게 영성체하십니까?"

"우리는 영성체를 전혀 하지 않는다." 그가 말했다.

"뭐라구요! 영성체를 않는다고요?"

"그래, 마음의 영성체 외에는 하지 않는다."

그러면서 그는 내게 또다시 성서를 인용했다. 그는 내게 영성체에 반대하는 아주 근사한 설교를 하였고, 모든 성사들[6]은 인간이 만들어낸 것이며, 성사라는 말은 성서 안에 단 한번도 나오지 않는다는 것을 내게 입증하기 위해 성령을 받은 어조로 말했다.

"내 무지를 용서해라. 내가 믿는 종교의 확실한 증거를 백분의 일도 네게 전해 주지 못했구나. 그러나 로버트 바클레이가 우리 신앙에 대해 설명한 책에서 그 증거들을 볼 수 있을 터인데,[7] 그 책은 일찍이 인간의 손으로 쓰여진 가장 훌륭한 책들 중 하나이다. 우리의 적들도 그 책이 매우 위험하며, 바로 그 점이 그 책이 이성적임을 증명한다고 생각하고 있다."

나는 그에게 그 책을 읽겠다고 약속했고, 퀘이커 신자는 내가 이미 개종한 것으로 믿었다.

그런 다음 나는 그가 하는 몇 마디 말로 이 교파가 다른 사람들의 멸시를 받는 몇 가지 특이한 점을 이해하게 되었다.

"솔직히 말해 봐라." 그가 말했다. "내가 머리에 모자를 쓴 채 반말을 해가면서 너의 예의바른 행동에 응대할 때 웃음을 참기가 어려웠다고 말이다. 그렇지만 너는 내가 보기에 잘 배운 사람이라 그리스도 시대에는 어떤 나라도 단수 형태를 복수로 대체하는 우스운 짓을 하지 않았다는 것을 잘 알고 있으리라고 본다.[8] 사람들은 아우구스투스 황제에게도 나는 너를 사랑하고, 너에게 기도하고, 너에게 감사한다. 이런 식으로 말했다. 선생님이라든가 주인님이라고 부를 필요도 없었다. 사람들이 '너'라는 말 대신에 마치 두 사람이라도 되는 듯이 '당신'이라고 부르고, 또 깊은 존경과 유치한 가식으로 자신이 매우 비겁하고 순종적인 그들의 하인이라고 믿게 하면서 지렁이들이나 다른 지렁이들에게 붙일 칭호인 각하·예하·성하라는 엉뚱한 호칭을 사칭하게 된 것은 그보다 훨씬 뒤의 일이었다. 우리가 왕에게나 신발 장수에게나 똑같이 반말을 하고, 인간에게는 오직 자비심, 법에게는 오직 존경심만을 지니며 아무에게도 경의를 표하지 않는 것은 바로 이런 거짓과 아첨의 비열한 거래를 좀 더 조심하기 위해서다.

또 우리는 타인들과 조금 다른 옷을 입는데, 이것은 우리가 그들을 닮지 않으려 한다는 것을 끊임없이 알려주기 위해서다. 다른 사람들은 그들의 위엄의 표시를 걸치지만, 우리는 기독교인의 겸손의 표시를 걸친다. 우리는 쾌락을 위한 모임이나 구경거리·도박 등을 멀리한다. 신이 머물러야 할 마음속을 그따위 하찮은 것들로 채우는 것을 동정하기 때문이다. 우리는 법정에서조차도 결코 맹세하지 않는데, 우리는 지극히 높으신 분의 이름이 인간들의 비참한 논쟁 속에서 더럽혀져서는 안 된다고 생각하는 까닭이다. 우리가 다른 사람들의 일로(우리끼리는 결코 소송을 하는 법이 없으니까) 재판관 앞에 출두해야 할 때 우리가 '예' '아니오'로 사실을 확인하면, 재판관은 우리가 하는 간단한 말로 우리를 믿는 데 비해 많은 기독교인들은 성서를 두고 맹세를 한다. 우리는 절대로 전투에 참가하지 않는다. 그것은 우리가 죽음을 두려워해서가 아니라, 우리가 늑대도 아니고 호랑이도 아니고 개도 아니고 인간이기 때문이다. 오히려 우리는 '존재들 중의 존재'이신 분과 하나가 되는 순간을 축복한다. 그러나 기독교인은 그렇지 않다. 우리의 신은 우리에게 우리의 적을 사랑할 것과 불평 없이 고통을 견딜 것을 명하셨으므로, 우리가 우리 형제의 목을 조르기 위해 바다를 건너가는 것을 원하지 않으신다. 붉은 옷을 입고 2피트나 되는 높은 모자를 쓴[9] 살인자들이 팽팽한 당나귀 가죽 위를 두 개의 작은 막대기로 두드리면서 소란스럽게 시민들을 병적(兵籍)에 올리고 있으니 하는 말이다. 그리고 전투에 승리한 후에는 온 런던이 조명으로 번쩍이고, 하늘이 봉화로 타오르고, 신에 대한 감사의 기도 소리, 종소리, 오르간 소리, 대포 소리로 대기가 진동할 때 우리는 민중의 환희를 불러일으킨 살인자들에 대해 말없이 신음할 따름이다."

[편지 2]

퀘이커 신자에 관하여

내가 이 특이한 인물과 나눈 대화는 거의 이런 내용이었다. 그러나 그 다음 일요일에 그가 나를 퀘이커 교회에 데리고 갔을 때 나는 더 놀랐다. 그들은 런던에 교회를 여러 개 가지고 있었는데, 내가 갔던 교회는 우리가 기념관이라고 부르는 유명한 기둥[10] 근처에 있었다. 나를 안내해 준 사람과 함께 들어섰을 때 벌써 사람들이 모여 있었다. 교회 안에는 4백 명가량의 남자와 3백 명가량의 여자가 있었는데, 여자들은 부채로 얼굴을 가리고 있었고 남자들은 커다란 모자로 얼굴을 덮고 있었다. 모두들 깊은 침묵을 지키며 앉아 있었다. 내가 그들 사이로 지나갔는데 단 한 사람도 나를 향해 눈길을 주지 않았다. 이 침묵이 15분쯤 지속되더니, 마침내 그 중 한 명이 일어서서 모자를 벗었다. 얼굴을 몇 번 찡그리고 한숨을 몇 번 쉬더니 반은 입으로 반은 코로 복음서에서 발췌한 알아듣지 못할 말을 내키는 대로 지껄였다. 그러나 그가 하는 말을 그 자신은 물론 그 누구도 알아듣지 못했다. 이렇게 경련을 일으킨 자가 멋진 독백을 끝마치고 회중들이 완전히 감화되어 넋이 나간 상태로 흩어졌을 때, 나는 나를 데려온 그 사람에게 어째서 그들 중에 지혜롭다는 사람들까지 이런 어리석은 짓을 묵인하느냐고 물어봤다.

"말하려고 일어선 남자가 성령을 받은 것인지 광기가 발동한 것인지 알 수 없으니 우리는 묵인할 수밖에 없어. 우리는 의심 속에서 아주 참을성 있게 들어주며, 심지어 여자들도 말할 수 있도록 허용한다. 가끔 독실한 신자들 두세 명이 동시에 성령에 고취되기도 하는데, 주님의 집에서 아름다운 소리가 나는 것은 그때이다"라고, 그가 내게 말했다.

"그러면 당신들은 목자가 없습니까?" 내가 그에게 말했다.

"없다네, 친구!" 하고, 그 퀘이커교도가 말했다. "우리는 우리 자신이 목자라고 생각해. 다른 신자들을 제외시킨 채 누군가에게 일요일마다 성령을 받으라고 감히 명령하다니 당치 않다. 우리는 하느님의 은총으로 지구상에서 유일하게 목자가 없는 유일한 신자들이 되었다. 그토록 복된 표징을 우리에게서 없애고 싶은가? 아기에게 줄 젖이 있는데 무엇 때문에 유모를 고용하여 아기를 내맡기겠는가? 머지않아 고용했던 유모들이 집 안에서 군림하고 엄마와 아기를 억압할지도 모른다. '너희는 공짜로 받았으니 공짜로 주어라'[11]고 하느님은 말씀하셨다. 이 말씀을 따라 우리가 복음서를 흥정하고, 성령을 팔고, 기독교인들의 모임을 상인들의 상점으로 만들려는 것인가? 우리는 우리의 가난한 사람들을 돕고, 우리의 죽은 이들을 땅에 묻고, 신자들에게 설교를 하라고 검은 옷을 입은 사람들에게 돈을 주지 않는다. 이 거룩한 직무가 우리에게는 너무나 소중해서 다른 사람에게 맡길 수가 없는 것이다."

"그렇지만 당신의 진술 속에서 당신에게 영감을 주는 것이 성령이라는 걸 어떻게 구별할 수 있습니까?" 내가 다그쳤다.

"하느님에게 그것을 밝혀 달라고 기도하는 사람은 누구든지, 그리고 그가 느끼는 복음의 진리를 선포할 사람에게는 누구든지 하느님이 성령을 주신다는 것을 확신하기 바란다." 그러면서 그는 그의 말대로라면 즉각적인 계시가 없는 기독교는 존재하지 않는다는 것을 증명하는 성서 구절들을 인용하여 나를 압도했다. 그리고 다음과 같은 주목할 만한 말을 덧붙였다.

"네가 네 사지 가운데 하나를 움직일 때, 그것을 움직이는 것은 너의 고유한 힘인가? 틀림없이 아니다. 왜냐하면 이 사지는 종종 의지 없이 움직이니까. 그러니 흙으로 된 몸을 움직이는 네 몸을 만든 것은 그분이시다. 네 영혼이 받아들인 생각들이 있는데, 그런 생각을 형성한 것이 너 자신인가? 역시 아니다. 왜냐하면 그런 생각들은 너 자신도 모르게 들어온 것이기 때문이다. 그러니 네 생각을 너에게 주신 것은 네 영혼의 창조자인 것이다. 그러나 그분은 네 마음에 자유를 남겨주신 것처럼 네 마음에 합당한 생각들을 너의 정신에 주신다. 너는 하느님 안에서 살고, 하느님 안에서 행동하고 생각하는 것이다. 그러니 너는 모든 사람을 비추고 있는 이 빛에 눈을 뜨기만 하면 된다. 그러면 너는 진리를 보게 되고, 다른 사람으로 하여금 그 진리를 보도록 해줄 것이다."

"아! 그건 바로 아주 순수한 말브랑슈 신부[12]의 말입니다." 내가 소리쳤다.

"나도 너희의 말브랑슈를 알고 있다." 그가 말했다. "그는 어찌 보면 퀘이커 신자 같기도 하지만 퀘이커 신자라고는 할 수 없다."

내가 퀘이커교의 교리를 접하면서 배우게 된 가장 중요한 문제들은 바로 이런 것들이었다. 다음 편지에서 그들의 역사를 보게 될 터인데, 그들의 교리보다 그 역사가 더 독특하다고 생각할 것이다.

퀘이커 신자에 관하여

여러분은 이미 퀘이커교가 예수 그리스도로부터 시작된 것이며, 그들의 주장대로라면 예수 그리스도가 첫 퀘이커 신자라는 것을 보았다. 그들은 종교가 그리스도의 죽음 이후 거의 부패하여 약 1600년 동안 그러한 부패 상태로 있었다고 말한다. 그러나 세상에는 언제나 퀘이커 신자들이 몇 명은 숨어 있다가 그들이 어느 곳에선가 꺼져 가는 성화를 정성껏 보존하여 마침내 1642년에 영국에서 이 불꽃이 퍼져 나갔다.[13]

신의 이름으로 벌어진 내란으로 인해 영국이 서너 개의 교파로 분열되던 시절이었다. 레세스터 주에서 양잠업을 하는 노동자의 아들인 조지 폭스라는 사람이 진짜 사도처럼, 다시 말해 읽을 줄도 쓸 줄도 모르지만[14] 원하는 사람들에게 설교를 하려고 하였다. 그의 나이 스물다섯으로 품행은 나무랄 데 없었지만 성스러움에 광적으로 푹 빠진 젊은이였다. 그는 머리부터 발끝까지 가죽옷을 입고, 전쟁과 교단에 반대를 외치며 이 마을 저 마을을 돌아다녔다. 그가 전쟁파에 반대하는 설교만을 했다면 염려될 게 없었겠지만, 교회 인사들을 공격했으므로 얼마 안 가 감옥에 갇혔다. 사람들이 그를 더비라는 도시로 끌고 가 평화의 심판관 앞에 세웠다. 폭스는 머리에 가죽 모자를 쓰고 심판관 앞에 나타났다. 한 병사가 뺨을 세게 치면서 말했다.

"못된 놈 같으니라구, 심판관 나으리 앞에서는 모자를 벗어야 하는 것을 모르느냐?"

폭스는 다른 쪽 뺨을 내밀면서 하느님의 사랑을 위해 다른 쪽 뺨도 때려 달라고 청했다. 더비의 심판관은 그를 심문하기 전에 선서를 하라고 했다.

"친구여!" 하고, 그가 심판관에게 말했다. "알아두라, 나는 결코 하느님의 이름을 헛되이 부르지 않는다."

판사는 이 남자가 반말을 하는 것을 듣고 그를 더비의 소감옥[15]으로 보내 매질을 하도록 조치했다. 조지 폭스는 하느님을 찬양하면서 정신병자의 감옥으로 갔으며, 판사가 한 말은 엄격하게 그대로 시행되었다. 그에게 채찍의 형벌을 가하던 사람들은 그가 영혼의 행복을 위해 몇 대 더 때려 달라고 청하자 몹시 놀랐지만, 그가 더 이상 간청하지 않아도 되게 해주었다. 폭스는 매를 두 배로 맞았고, 충심으로 그 점을 고마워했다. 그는 그들에게 설교하기 시작했다. 처음에 사람들은 웃었다. 그러다가 사람들은 그의 말에 귀 기울이기 시작했다. 열광이란 것은 승승장구하는 병이기 때문에 여러 사람들이 설득되어 갔고, 그에게 매질을 했던 사람들은 최초의 제자가 되었다.

감옥에서 풀려난 그는 열두어 명의 개종자들과 함께 여전히 교단에 반대하는 설교를 하면서 때때로 매를 맞아 가며 들판을 달렸다.

어느 날 공시대에 매달리게 된 그가 모든 사람들에게 어찌나 힘차게 연설을 하였는지 청중 50여 명이 개종하고, 나머지 사람들도 많은 관심을 갖게 되는 바람에 소란 속에서 그를 공시대에서 끌어내렸다. 사람들은 폭스에게 그런 형벌을 내린 영국 정교의 사제를 찾아가 폭스 대신 그 사제를 공시대에 매달았다.

그는 대담하게 크롬웰의 병사 몇 명을 개종시키기까지 해서 그들은 군직을 떠나게 되었고, 서약을 거부했다. '식스트 퀸트'[16] 교황이 도베 논 시 시아바바(폐쇄적이지 않은 종파)[17]에 대해 비관적으로 예측했던 것처럼 크롬웰은 서로 싸우지 않는 교파의 신자는 원하지 않았던 것이다. 크롬웰은 자신의 권력으로 이 새로운 교파의 신자들을 탄압하여 감옥은 이들로 가득 찼다. 그러나 대부분의 경우 박해란 다른 개종자들을 만들어내는 데 이용될 따름이었다. 그들이 감옥을 나올 때는 믿음이 더욱 확고해졌고, 그들이 개종시킨 감옥의 간수들이 그 뒤를 따랐다. 그러나 교파를 전파시키는 데 가장 크게 기여한 것은 다음과 같은 사실이었다. 폭스는 자신이 성령을 받았다고 믿었기 때문에 다른 사람들과는 다른 방식으로 말해야 한다고 생각했다. 그는 몸을 떨다가 몸을 뒤틀거나 얼굴을 찌푸리고, 숨을 멈추거나 격렬하게 숨을 내뿜기 시작했다. 델포이의 여사제라 하더라도 그보다 더 잘할 수 없었을 것이다. 그는 얼마 되지 않아 영감을 받는 강한 습관을 가지게 되었고, 그후 얼마 안 가 다른 방식으로는 말할 수 없을 정도가 되었다. 이것이 그가 그의 제자들에게 전해 준 첫번째 재능이었다. 그들은 진심으로 스승의 온갖 찡그림을 흉내냈고, 영감을 받는 순간 온 힘을 다하여 몸을 떨었다. 바로 여기에서 퀘이커라는 이름을 갖게 되었는데, 이는 떠는 사람이라는 뜻이다. 민중들은 재미삼아 그들을 흉내내곤 했다. 그들은 몸을 떨었고, 코로 말했으며, 경련을 일으키고 성령을 받았다고 믿었다. 그들에게는 몇 가지 기적이 필요했고, 그 기적을 만들었다.

교주 폭스는 많은 사람들이 모인 자리에서 평화의 심판관에게 공공연하게 말했다.

"친구여, 조심하라. 하느님께서 곧 성인들을 박해한 너를 벌주실 것이다."

이 심판관은 매일 질 나쁜 맥주와 증류주를 과음하는 주정뱅이였다. 그는 이틀 후에 뇌일혈로 죽었는데, 퀘이커 신자 몇 명을 감옥으로 보내라는 명령서에 사인을 하고 난 직후에 정확하게 그런 일이 일어났다. 이 갑작스런 죽음이 심판관의 무절제 탓이라고는 조금도 생각하지 않았고, 모두 성스러운 남자의 예언의 효과라고 여겼다.

이 죽음은 천 번의 설교나 경련이 만들어냈을 신자보다 더 많은 퀘이커 신자를 만들어냈다. 크롬웰은 신자수가 매일 늘어나는 것을 보고 그들을 자기 편으로 끌어들이려고 그들에게 돈을 주었지만, 그들은 더럽혀지지 않았다. 어느 날 그는 이 종교야말로 그가 영국 화폐의 가치를 살려 보지 못한 유일한 종교였다고 말했다.

그들은 찰스 2세 치하에서 이따금 박해를 받았는데, 그들의 종교 때문이 아니라 교단에 헌금을 내려고 하지 않았거나 법관에게 반말을 하고 법에 규정된 선서를 하지 않으려 했기 때문이었다.

마침내 스코틀랜드 사람인 로버트 바클레이가 1675년에 호교론으로서 대단히 훌륭한 책인 그의 《퀘이커교 호교론》을 왕에게 보여 주었다. 〈찰스 2세에게 바치는 서한〉은 저급한 아부가 아니라 진정한 대담성과 정당한 충고를 담은 것이었다. 서한의 말미에서 그는 찰스 2세에게 이렇게 말했다. "그대는 단맛과 쓴맛, 번영과 크나큰 불행을 맛보았다. 그대는 그대가 다스리는 나라에서 쫓겨났었고, 억압의 무게를 느꼈다. 그러니 그대는 하느님과 인간 앞에서 압제자가 얼마나 혐오스러운 존재인지를 알아야 한다. 많은 시련과 축복 뒤에 그대 마음이 굳어지고 불행에 빠진 그대를 기억해 주던 하느님을 잊어버린다면, 그대의 죄는 더욱 커질 것이고 그대의 죗값은 더 무서울 것이다. 그러니 궁정에서 아첨꾼들의 말을 듣는 대신 아첨을 전혀 모르는 그대 의식의 목소리에 귀 기울여라. 나는 그대의 충실한 친구이자 신하인 바클레이다."

더욱 놀라운 점은, 한 이름 없는 개인이 왕에게 쓴 편지가 효력을 발휘해 박해가 멈추었다는 사실이다.

[편지 4]
퀘이커 신자에 관하여

이 무렵에 유명한 윌리엄 펜[18]이 나타나 미국에서 퀘이커 신자의 세력을 확립했다. 만일 사람들이 겉모습이 우스꽝스러워도 그 이면에 있는 덕성을 존중할 줄 알았다면 그는 유럽에서도 퀘이커교가 존중되도록 만들었을 것이다. 그는 영국의 부제독이며 잭 2세 이후로 요크 지방 공작의 총애를 받던 기사, 펜의 외아들이었다.

윌리엄 펜은 열다섯 살에 옥스퍼드에서 공부하던 중 한 퀘이커 신자를 만나 그에게 설복되었다. 펜은 생기가 넘치고 천성적인 웅변가였으며, 그의 외모와 행동거지에는 고귀함이 깃들어 있었으므로 곧 그는 동료 몇 사람의 마음을 얻었다. 그는 아무도 모르게 젊은 퀘이커 신자들의 조직을 만들어 그의 집에서 모이곤 했다. 그리하여 그는 열여섯 살에 교파의 수장이 되었다.

고등학교를 졸업하고 부제독인 아버지의 집으로 돌아왔을 때, 그는 영국의 관습대로 아버지 앞에 무릎을 꿇고 축복을 청하는 대신 머리에 모자를 쓴 채로 아버지에게 다가가며 말했다.

"친구여, 그대가 건강한 것을 보니 내 마음이 아주 놓이는구나."

부제독은 자기 아들이 미쳤다고 생각했다. 그러다 이내 아들이 퀘이커 신자가 되었다는 것을 알아차렸다. 아들이 다른 사람들처럼 살게 하려고 인간적인 신중함으로 구사할 수 있는 모든 수단을 사용했지만, 젊은 청년은 아버지에게 퀘이커 신자가 되라고 권고하는 것을 유일한 답변으로 삼았다.

마침내 그 아버지는 힘이 빠져 단 한 가지, 왕과 요크의 공작을 알현할 때 모자를 벗어 팔에 끼고 반말만 하지 않는다면 다른 요구는 하지 않기로 했다. 윌리엄은 자신의 양심이 허락하지 않는다고 대답했고, 이에 화가 나고 절망한 아버지는 그를 집에서 내쫓았다. 젊은 펜은 하느님을 이유로 벌써 고통을 당하게 된 것을 하느님께 감사했고, 도시로 설교하러 가서 많은 신자를 만들었다.

사제들의 설교가 매일 사람 보는 눈을 키워준 데다가 펜이 젊고 잘생기고 체격이 좋았으므로 궁정과 도시의 여자들이 그의 설교를 들으러 여러 일을 제치고 모여들었다. 교주인 조지 폭스가 그의 명성을 듣고 영국 내륙 지방에서 런던으로 그를 보러 왔으며, 두 사람은 외국에 나가 선교를 하기로 결심했다. 그들은 런던의 포도원을 돌볼 일꾼들만 몇 명 남겨두고[19] 네덜란드로 가기 위해 배를 탔다.[20] 그들의 활동은 암스테르담에서 훌륭한 성공을 거두었다. 그러나 그들이 가장 영광스럽게 되고, 그들의 겸손이 가장 큰 위험에 빠지게 된 것은 영국 왕 조지 1세의 숙모 팔레스티나의 엘리자베스 공주가 베푼 연회에서였다. 일찍이 데카르트가 자신의 철학소설을 헌정했었던[21] 그녀는 재치와 지식으로 유명한 귀부인이었다.

그 당시 네덜란드에서는 퀘이커 신자들을 친구라고 불렀는데, 헤이그에 은거해 있던 그녀가 거기서 이 친구들을 보았던 것이다. 그녀는 퀘이커 신자들과 회합을 여러 번 가졌고, 그들은 자주 그녀의 집에서 설교했다. 그들은 그녀를 완전한 퀘이커 여신자로 만들지는 못했더라도 적어도 그녀가 하늘나라의 왕국에서 멀리 있지 않다고 인정하게 되었다.

친구들은 독일에서도 씨를 뿌렸지만 수확은 별로 없었다. 전하·각하라는 표현을 입에 달고 살아가야 하는 나라에서 반말투는 통하지 않았던 것이다. 펜은 아버지가 아파 누웠다는 소식을 듣고 곧 영국으로 다시 건너가 아버지의 임종을 지켰다. 종교가 다르기는 했지만 부제독은 그와 화해하고 다정하게 그를 껴안았다. 윌리엄은 아버지에게 성사를 받지 말고 퀘이커 신자로서 죽으라고 권고하였지만 허사였고, 늙은 아버지는 윌리엄에게 소매에 단추를 달고 모자에 장식끈을 달라고 부탁하였지만 허사였다.

윌리엄은 많은 재산을 물려받았는데 그 가운데에는 국왕이 진 빚도 있었다. 해양 탐험에서 부제독이 선불한 것이었다. 그 당시 국왕에게 받을 돈보다 더 믿지 못할 것은 없었다. 펜은 찰스 2세와 각료들에게 돈을 갚으라고 여러 번 찾아가 반말을 할 수밖에 없었다. 정부에서는 1680년에 돈 대신에 미국 메릴랜드 남부[22]에 있는 한 지역의 소유권과 통치권을 그에게 주었다. 이렇게 해서 퀘이커 신자가 통치자가 되었다. 그는 자신을 따르는 퀘이커 신자들을 배 두 척에 태우고 그들의 새로운 국가로 떠났는데, 그때부터 그 지방을 펜의 이름을 따서 펜실베이니아라고 부르게 되었다. 그는 거기서 필라델피아라는 도시를 세웠고, 그 도시는 오늘날 매우 번성하였다. 그는 이웃인 아메리카 원주민들과 동맹을 맺는 일부터 시작하였다.[23] 이것은 원주민들과 기독교인들 사이에 맺은 유일한 조약으로 선서를 한 적도 없고, 위반한 적도 없는 조약이다. 새로운 통치자는 펜실베이니아의 입법자이기도 했다. 그는 매우 현명한 법을 만들었고, 그가 만든 이래로 어떤 법도 바뀌지 않았다. 첫째가는 법은 종교에 있어서 그 누구도 부당하게 취급되어서는 안 된다는 것이며, 신을 믿는 모든 사람들을 형제로 여겨야 한다는 것이다.

펜이 정부를 수립하자마자 아메리카의 여러 상인들이 이 식민지로 몰려들었다. 원주민들은 숲속으로 달아나는 대신 자신들도 모르게 평화로운 퀘이커 신자들에게 익숙해져 있었다. 원주민들은 아메리카의 정복자이며 파괴자인 다른 기독교인들을 싫어하는 만큼 이 새로운 이주자들을 더욱 좋아했다. 얼마 지나지 않아 이른바 야만인들은 이웃의 온유함에 매혹되어 많은 무리를 지어 윌리엄 펜에게 자신들을 신하로 받아 달라고 청하러 왔다. 모든 사람들이 통치자에게 반말을 하는가 하면 모자를 쓴 채 말하는 통치자, 사제가 없는 정부, 무기를 지니지 않은 민중, 사법관 앞에서 모두 평등한 시민, 질투 없는 이웃들이란 정말 새로운 모습이었다.

윌리엄 펜은 사람들 입에 그토록 자주 오르내리던 황금시대를 지상에서 이루었노라고 자랑할 수 있었으니, 오직 펜실베이니아에만 그런 황금시대가 그럴듯하게 존재했던 것이다. 그는 새로 건립한 나라의 일을 처리하러 영국으로 돌아왔다. 찰스 2세가 죽은 후, 펜의 아버지를 좋아했던 잭이 왕이 되었는데 잭 왕은 펜의 부친에게와 마찬가지로 펜에게도 애정을 베풀어 펜을 더 이상 이름 없는 교파의 신자로 여기지 않고 대단히 훌륭한 인물로 여겼다. 왕의 정책은 그 점에서 펜과 취향이 일치했다. 잭 왕은 영국 국교를 믿지 않는 사람들에게 불리하게 만들어진 법을 폐지함으로써 그 자유를 이

용하여 가톨릭교를 끌어들이고 퀘이커 신자들에게 잘 보이고 싶어
했지만, 영국의 모든 교파는 이를 함정이라 여겨서 거기 빠져들지
않았다. 그들은 언제나 그들 공동의 적인 가톨릭에 대항하기 위해
모였다.[24] 그러나 펜은 자신을 미워할 뿐만 아니라 자신을 총애하
는 국왕에게 등을 돌리고 있는 신교에게 유리해지도록 자신의 원리
를 포기해야 한다고는 생각하지 않았다. 펜은 미국에 양심의 자유
를 심어 놓았는데, 유럽에서 그 자유가 파괴되는 것을 보고 싶지 않
았으므로 얼추 가톨릭의 예수회파라고 비난받을 정도로 잭 2세에게
변함없이 충성을 바쳤다. 이러한 비방에 그는 예민하게 괴로워했
고, 공식적인 글로 자신의 입장을 밝혀야만 했다. 그런데 스튜어트
왕가 사람들이 대부분 그렇듯이 나약함과 위대함을 동시에 지녔으
며, 또 그들처럼 너무 잘났거나 너무 허약했던 불행한 잭 2세는 사
태가 어떻게 돌아가는 것인지 알지도 못한 채 자신의 왕위를 잃게
되었다.[25]

영국의 모든 교파는 잭 왕으로부터는 받지 않으려고 했던 바로
그 자유를 윌리엄 3세와 그의 의회로부터 받게 되었다.[26] 퀘이커 신
자들이 오늘날 누리는 모든 특권들이 법률에 의거할 수 있게 된 것
은 바로 이때부터였다. 마침내 자신의 교파가 고국에서 아무런 갈
등 없이 뿌리내리게 된 것을 본 후에 펜은 펜실베이니아로 돌아왔
다.[27] 그의 신자들과 아메리카 원주민들이 기쁨의 눈물을 흘리며 마
치 아이들을 보러 다시 돌아온 아버지인 듯 그를 맞이했다. 그가 없
는 동안에 그가 만든 모든 법들은 경건하게 지켜졌으니, 이는 그 이
전의 어떤 입법자에게서도 볼 수 없었던 일이었다. 그는 필라델피
아에 몇 해 머물렀다. 마침내 본인의 뜻은 아니지만 펜실베이니아

의 상업을 진작시키기 위한 새로운 혜택들을 청원하기 위해 런던으로 떠난 이후 그곳에서 아주 늙을 때까지 족장이자 종교의 수장으로 살았다. 그는 1718년에 가서야 죽었다.

펜실베이니아의 소유권과 통치권은 그의 후손들에게 넘겨져 유지되었는데, 후손들은 1만 2천 피에스에 국왕에게 통치권을 팔았다. 왕의 재정은 1천 피에스밖에 지불할 형편이 못되었다.[28] 프랑스의 독자는 아마 내각이 그 나머지를 지불하고, 통치권을 차지하리라고 생각할 것이다. 천만의 말씀이다. 국왕이 전체 금액에 대한 지불 기한을 지키지 못했으므로 계약은 무효가 되었고, 펜의 가문이 권리를 도로 찾았다.

아메리카 대륙에서 퀘이커교의 운명이 어떻게 될 것인지는 내가 예측할 수 없다. 그러나 내가 보기에 런던에서는 매일 쇠퇴해 가고 있다. 어느 나라에서나 지배적인 종교가 다른 종교들을 박해하지는 않는다 하더라도 결국에는 집어삼킨다. 퀘이커 신자는 의회의 의원이 될 수 없고, 공직자도 될 수 없다. 서약을 해야 하는데 그들은 결코 선서를 하지 않기 때문이다. 그들은 상업으로 돈을 버는 길밖에 없었다. 부모의 산업으로 부자가 된 아이들은 즐기고, 영예를 누리고, 단추와 커프스를 달고 싶어한다. 그들은 퀘이커교도라고 불리는 것을 부끄러워하며, 시류를 따라서 신교도가 되어가고 있다.

[편지 5]
영국 국교에 관하여

영국은 교파의 나라다. 영국인은 자유로운 인간으로서 자기 마음에 드는 길을 따라 천국에 간다.

그렇지만 이곳에서 아무리 각자 자기 방식대로 신에게 봉사할 수 있다 해도 그들에게 부(富)를 가져다 주는 참 종교는 영국 국교 혹은 정교라고 불리는 성공회다. 영국에서도 아일랜드에서도 신실한 성공회 신자가 아니면 일자리를 얻을 수 없다. 이것이 가장 명백한 이유라고 할 수 있는데, 성공회를 믿지 않는 많은 사람들이 개종한 까닭에 오늘날 교단에 속하지 않는 사람은 국민의 20분의 1이 채 안 된다.

영국 국교의 성직자는 가톨릭 전례의 많은 부분을 그대로 채택하였는데, 특히 매우 세심한 주의를 기울여 헌금을 받는 전례가 그러하다. 그들은 또한 지도자가 되겠다는 경건한 야심을 지니고 있다.

더구나 그들은 신자들에게 최대한 비국교 신자에 반대하는 거룩한 열성을 지니도록 고취시키고 있다. 이 열성은 앤 여왕 말년에 토리당 정부 치하에서 제법 활기찼지만, 몇 차례 이교도가 예배당 유리창을 부순 정도였고 더 확대되지는 않았다. 영국에서 교파들의 분노는 내란으로 끝났고, 앤 여왕 치하에서는 그 분노란 것이 폭풍이 지나간 후 오랫동안 여전히 요동치는 바다의 희미한 파도 소리에 불과했기 때문이다. 예전에 겔프당과 지블랭당[29]이 그랬던 것처럼 휘그당과 토리당이 나라를 분열시켰을 때, 종교는 당파에 가담해야만 했다. 토리당은 주교단 편을 들었고, 휘그당은 주교단을 없애려고 했다. 그러나 휘그당이 지도자가 되었을 때 그들은 주교단을 약화시키는 것으로 만족해야만 했다.

옥스퍼드의 할리 백작과 볼링브로크 경이 토리당을 위해 축배를 들었을 때[30] 영국 국교는 그들을 거룩한 특권의 수호자로 여겼다. 지위가 낮은 성직자들의 모임은 성직자들로 구성된 일종의 하원이라고 할 수 있는데, 그 당시 어느 정도 신뢰를 받고 있었다. 그들은 적어도 집회를 열고 논쟁을 하고, 가끔 불경한 책 몇 권, 말하자면 그들에게 반대하는 책들을 불태울 자유를 누리고 있었다. 오늘날 휘그당이 집권하고 있는 내각은 이들에게 집회를 허락하지 않을 뿐 아니라 교구 내의 어두침침한 구석에서, 말썽을 일으켜 괴롭힘을 당하지 않게 해달라고 정부를 위해 기도하는 처량한 일만 하도록 제한하고 있다. 주교들은 모두 스물여섯 명인데, 휘그당 정권임에도 불구하고 상원에 의석을 가지고 있다. 그들을 남작으로 간주하는 구시대의 권력 남용이 아직도 남아 있기 때문이다. 그러나 파리의 의회에서 공작과 대귀족들이 무력한 것처럼 이들도 이제 의회에서 힘이 없고, 그들이 국가에 바치는 서약에는 그들에게 기독교적인 인내심을 단련시키는 조항이 하나 있다.

그들은 선서에서 교회가 법에 의해 세워졌듯이 그들도 교회의 일원임을 약속한다. 주교·주임사제·수석사제 등은 모두 신성한 권리를 부여받았다고 생각하는데, 그런 그들이 세속인들이 만든 하찮은 법에 따르고 있다는 사실을 어쩔 수 없이 고백해야 하는 것은 대단히 심각한 굴욕이 아닐 수 없다. 바로 얼마 전에 어떤 수도사(쿠레이에 신부)가 영국 국교의 사제 서품의 유효성과 계승 문제를 밝히기 위한 책을 쓰기도 했다.

이 책은 프랑스에서 금지되었다. 그러나 그 책이 영국 정부의 마음에는 들었겠는가? 천만의 말씀이다. 못된 휘그당은 자기 나라에서 주교의 계승이 끊어지든 말든, 또 파커 주교가 술집에서 축성을 받았든 (사람들이 말하듯) 교회에서 축성을 받았든 별로 관심이 없다. 그들은 주교들이 그 권위를 사도로부터 물려받았다기보다는 차라리 의회로부터 받았다는 것을 더 좋아할 정도이다. B경[31]은 신성한 권리라는 이 사상은 망토와 소백의[32]를 걸친 폭군을 만드는 데 이용될 뿐이지만, 법은 시민을 만든다고 말하였다.

풍습에 있어서 영국 국교 성직자는 프랑스 성직자보다 훨씬 절제된 삶을 살고 있는데, 그 원인은 이러하다. 모든 성직자들이 도시의 부패로부터 멀리 떨어진 옥스퍼드나 케임브리지대학에서 교육을 받았으며, 아주 늦은 나이, 즉 인색함 이외의 다른 정념이 인간에게 남아 있지 않고 그들의 야심에 양분이 고갈될 나이가 되어서야 교회의 위엄을 지키도록 부름을 받기 때문이다. 여기서 직책은 군대에서와 마찬가지로 교회에서의 오랜 봉사에 대한 보상이다. 여기서는 젊은 주교나 대학을 갓 나온 대령은 볼 수 없다. 더구나 목자들이 거의 모두 결혼을 했으며, 대학에서부터 몸에 밴 매너가 서투르고 여인들과의 교제 기회가 별로 없으므로 대체적으로 주교는 자기 부인으로 만족해야 한다. 관습이 허용하는 대로 사제들은 가끔 술집에 가지만, 취한다 해도 진지하게 취하고 스캔들을 일으키지는 않는다.

성직자도 아니고 세속인도 아닌, 한마디로 신부(abbé)라고 불리는[33] 정의하기 힘든 존재는 영국에는 없는 부류들이다. 여기서는 성직자들이 모두 미리 예정되어 있으며, 거의 대부분 현학자들이다. 프랑스에서는 방탕으로 이름난 젊은이가 여인들의 간계로 고위 성직자까지 올라가고, 공공연히 연애를 하고, 연가를 지어 즐기고, 매일 오랜 시간 맛있는 만찬을 베푼다. 그러다가 성령의 빛을 청하러 가서는 대담하게도 사도의 후계자라고 자처한다는 것을 영국의 성직자들이 알면 그들은 신교도가 된 것에 대해 신에게 감사할 것이다. 그러나 프랑수아 라블레 선생이 말했듯이 그들은 가혹하게 태워 죽여야 할 못된 이단자들이다. 그래서 나는 그들의 일에 관여하지 않는다.

[편지 6]
장로교 신자에 관하여

영국 국교는 영국과 아일랜드에만 전파되어 있다. 장로교는 스코틀랜드의 지배적 종교다. 장로교는 프랑스에서 수립되어 제네바에서 명맥을 유지해 온 그런 순수한 칼뱅주의와 다를 바 없다. 이 교파의 사제들은 아주 보잘것없는 급료를 교회로부터 받을 뿐이어서 주교들처럼 호화롭게 살 수 없었으므로 도달할 수 없는 명예에 반대하여 비명을 지르는 본성의 편을 들었던 것이다. 플라톤의 오만을 발치에 깔아 버린 자존심 강한 디오게네스를 생각해 보라.[34] 스코틀랜드의 장로교도들은 이 당당하고 가난한 이론가를 얼마간 닮았다. 그들은 디오게네스가 알렉산더 왕을 대하던 경의[35]만도 훨씬 못한 경의로 찰스 2세를 대한다. 그들을 속인 크롬웰에 대항하여 찰스 2세를 위해 무기를 들었을 때 그들은 이 불쌍한 왕에게 하루에 네 번 맹세를 하도록 하였으며, 놀지도 못하게 하고 고행을 치르도록 하였다. 그래서 찰스는 얼마 못 가 이 현학자들의 왕 노릇에 지쳐 학생이 학교에서 달아나듯 그들의 손아귀로부터 빠져나갔다.[36]

아침마다 신학교에서 고함을 지르고, 저녁마다 부인들과 노래를 부르는 젊고 활발한 프랑스의 교회법 연구자[37] 앞에 놓고 보면 영국 국교의 신학자는 카토 같은 사람이다.[38] 그러나 카토도 스코틀랜드 장로교도 앞에서는 난봉꾼처럼 보인다. 이 장로교도는 무겁게 거동하며 화난 표정을 짓고 넓은 모자를 쓰고 짧은 예복 위로 긴 망토를 걸치고 있으며[39] 콧소리로 설교하며 모든 교회들을 싸잡아 바빌론의 창녀[40]라고 부른다. 교회에서 성직자 몇 명은 복도 많아서 5만 리브르의 연금을 받는데 대중들은 선량해서 그 사실을 묵인하며, 그런 성직자들을 각하 · 예하 · 전하라고 부르기 때문이다.

영국에 교회를 몇 개 갖고 있는 이들 장로교도들은 이 나라 생활 방식대로 엄숙하고 심각한 태도를 취한다. 세 왕국에서 일요일을 거룩하게 지내는 것은 다 그들 덕택이다. 일요일에는 일하는 것, 여흥을 즐기는 것이 금지되어 있는데 가톨릭 교회보다 두 배나 엄격하다. 런던에서는 일요일에 오페라 · 희극 · 콘서트도 공연하지 않는다. 카드놀이까지 너무 노골적으로 금지하고 있어서 그날 놀 수 있는 사람은 지체 높은 양반이나 신사들뿐이고, 나머지 국민들은 설교를 들으러 가거나 술집을 가거나 환락가를 찾곤 한다.

영국에서는 영국 국교파와 장로교파가 지배적인 두 교파이기는 하지만 다른 교파들도 들어와 함께 그럭저럭 지내고 있는 반면, 신교 목사들 대부분은 얀센파가 예수회파를 단죄하는 그런 정도의 우정으로 서로 혐오하며 지내고 있다.

런던의 증권거래소에 들어가 보시라. 이곳은 많은 궁정들보다 훨씬 존경할 만한 장소인데, 당신은 여기서 모든 민족의 대표들이 인간의 유용성을 위해 모여 있는 것을 보게 될 것이다. 거기서는 유대인·마호메트교인·기독교인들이 마치 같은 종교를 믿는 것처럼 서로를 대하고, 파산을 한 사람들에게만 비신자라는 이름을 붙인다. 거기서는 장로교 신자가 재세례파 신자를 신뢰하고, 영국 국교 신자가 퀘이커교 신자의 약속을 받아들인다. 이 평화롭고 자유로운 집회를 나서면 이쪽 사람은 유대교회당으로 가고, 저쪽 사람은 술집으로 간다. 저쪽 사람은 커다란 물통 속에서 성자에 의해 성부의 이름으로 성령에게 세례를 베풀게 할 것이고, 이쪽 사람은 자기 아들을 할례시키고 아이가 알아들을 수 없는 히브리어를 아이의 머리 위에서 중얼거리게 할 것이며, 또 다른 사람들은 자기 교회로 가서 모자를 쓴 머리 위로 성령이 임하기를 기다릴 것이다. 그리고 모두 만족해한다.

영국에 종교가 하나밖에 없었다면 그 횡포를 염려해야 했을 것이다. 종교가 두 개 있다면 서로 상대의 목을 쳤을 것이다. 그러나 종교가 서른 개나 있으니 행복한 평화 속에 살고 있는 것이다.

소치니파[41]·아리우스파[42]·반삼위일체파[43]에 관하여

영국에는 성직자와 매우 박식한 몇몇 학자들로 구성된 작은 교파가 하나 있는데, 그 교파는 아리우스파도 아니고 소치니파도 아니지만 삼위일체론에 대하여 성 아타나시우스의 견해와 전혀 다르며, 성부가 성자보다 더 위대하다고 분명하게 말한다.

성체의 빵과 포도주의 본성과 그리스도의 인성이 공존한다는 것을 황제에게 설득시키기 위해 성스러운 폐하의 면전에서 황제의 아들의 턱 밑을 잡고 그의 코를 잡아당길 생각을 했던 가톨릭 정통파의 어느 주교를 기억하는가? 황제가 그 주교에게 화를 내려 하자 그 주교는 이런 멋지고 감동적인 말을 남겼다.

"폐하, 만일 폐하께서 우리가 아드님께 존경심이 부족하다고 화를 내신다면, 성부이신 하느님께서는 예수 그리스도에게 그에 합당한 지위를 부여하지 않으려는 사람들을 어떻게 다루시리라고 생각하십니까?"

내가 지금 이야기하려는 사람들은 그 거룩한 주교가 단단히 오해한 것이고, 주교의 주장은 절대로 확실한 것이 아니며, 황제는 이렇게 대답했어야 한다고 말한다.

"내게 대한 존경이 부족한 두 가지 태도가 있는데, 첫째는 내 아들에게 충분한 영광을 돌리지 않는 것이고, 둘째는 나와 똑같은 영광을 그에게 돌리는 것이라는 것을 알아두시오."

어찌 되었든간에 아리우스파가 네덜란드·폴란드에서와 마찬가지로 영국에서도 다시 살아나고 있다. 위대한 뉴턴 선생이 영광스럽게도 아리우스파 편을 들고 있는데, 이 철학자는 유니테리언교파[44] 사람들이 우리보다 훨씬 논리적으로 이치를 따진 것이라고 생각했다. 그러나 아리우스 교리의 가장 강력한 후원자는 유명한 클라크 박사이다. 이 사람은 엄격한 덕성과 온화한 품성을 지녔으며, 계산과 논증에만 몰두하는 진짜 추론 기계 같은 사람으로 새로운 개종자를 만드는 데 열정적인 사람이었다기보다는 자신의 생각을 말하는 정도의 아마추어이다.

클라크 박사는 신의 존재에 대해 저술했고, 별로 유포되지는 않았지만 높이 평가받은 어떤 책[45]과 기독교라는 종교의 진리를 다룬 좀 더 지성적이지만 소홀히 취급되었던 또 다른 책[46]의 저자이기도 하다.

그는 우리 친구[47]가 존경할 만한 부질없음이라고 일컬은 바 있는 스콜라학파의 뜨거운 논쟁에는 전혀 가담하지 않았다. 그는 초기 세기에 유니테리언교파를 지지하거나 반대했던 모든 증언들을 수록한 저서[48]를 출판한 것으로 만족하고 각각의 견해를 헤아리고 판단하는 것은 독자의 몫으로 맡겨 놓았다. 박사의 이 책은 많은 추종자를 끌어들였으나, 그가 캔터베리 대주교가 되는 데는 걸림돌이 되었다. 나는 박사가 셈을 잘못했으며, 아리우스의 사제보다는 영국의 수석주교가 되는 것이 나았을 것이라고 생각한다.

여러분은 제국에서 혁명이 일어나듯이 여론에서도 어떤 혁명이 일어난다는 사실을 알 것이다. 아리우스파는 승리의 300년이 지나고, 또 망각의 1200년이 지난 후에 마침내 잿더미에서 다시 살아나고 있다. 그러나 세상이 논란과 교파에 신물이 나 있을 때 다시 나타난 것은 시기를 잘못 택한 것이다. 아리우스파는 공식적인 집회를 가질 자유를 얻기에는 아직 규모가 너무 작다. 좀 더 숫자가 많아진다면 그런 자유를 얻는 데는 별 문제가 없겠지만, 현재로서는 사람들이 모든 것에 너무 미온적이어서 새로운 종교로서 혹은 쇄신된 종교로서 성공할 수 없다. 루터·칼뱅·츠빙글리, 그리고 우리가 읽을 수 없는 책을 쓴 모든 저자들이 유럽을 분할시킨 교파들의 터전을 닦았고, 무식한 마호메트는 아시아와 아프리카에 종교를 가져다 주었으며, 마지막에 이르러서야 간신히 뉴턴·클라크·로크·르클레르[49] 등 위대한 철학자들과 당대의 훌륭한 문사들이 매일 줄어들고 있는 작은 무리를 이루었다는 것이 재미있지 않은가?

그러니 때맞춰 세상에 나오는 것이 중요하다. 만일 레츠 추기경이 오늘 다시 나타난다면 파리에서 열 명의 부인들도 모으지 못할 것이다.

만일 크롬웰이 다시 태어난다면, 왕의 목을 치게 하고 스스로 우두머리가 되었던 인물이지만 오늘날이라면 런던에서 소박한 상인 정도가 되었을 것이다.

[편지 8]

의회에 관하여

영국 의회의 의원들은 될 수 있는 대로 자신을 고대 로마인에 비유하기 좋아한다.

쉬핑 씨가 하원에서 "영국 국민의 위엄께서 상처를 입었습니다" 같은 말로 연설을 시작한 것이 그리 오래 전 일이 아니다. 그 이상한 표현은 폭소를 자아냈지만, 그는 당황하지 않고 흔들림 없는 표정으로 같은 말을 되풀이했으며, 사람들도 더 이상 웃지 않았다. 솔직히 말해서 영국 국민의 위엄과 로마 시민의 위엄 사이에, 더욱이 그들의 정부 사이에 공통된 것이라고는 하나도 없어 보인다. 런던에 있는 몇몇 상원의원은 로마에서 그런 것처럼 기회에 따라 자신의 투표권을 팔아넘긴다는 의심을 받고 있는데, 이는 말할 것도 없이 잘못된 일이기는 하지만 닮은 점이란 바로 이것이다. 특히 두 민족은 내가 보기에 좋은 점에 있어서나 나쁜 점에 있어서나 완전히 서로 다르다. 로마인에게는 종교 전쟁의 끔찍한 광기를 찾아볼 수 없는데, 이런 혐오감은 겸손과 인내를 지닌 독실한 설교가들만이 갖추고 있다. 마리우스와 실라, 폼페이우스와 카이사르, 안토니우스와 아우구스투스는 사제가 예복 위에 셔츠를 입어야 하는지 셔츠 위에 예복을 입어야 하는지, 그리고 길조로 삼기 위해서는 제단 위의 닭들이 모이를 먹고 물을 마셔야 하는지, 아니면 그저 모이를 먹기만 해야 하는지를 결정하느라 싸우지 않았다. 이와 비슷한 종류의 논쟁 때문에 영국인들은 중죄재판소에서 서로에게 교수형을 선고했고, 대오를 갖추고 전투에 나서 서로를 파괴했다. 영국 국교파와 장로교파가 잠시 동안 이런 진지한 사람들의 머리를 돌게 했던 것이다. 그들은 저마다 대가를 치르고 현명해진 듯하다. 삼단논법을 위해 서로 목을 조르고 싶은 욕망이 이제 그들에게 없는 것 같아서 그들에게 이런 어리석은 일이 다시는 일어나지 않으리라고 생각한다.

로마와 영국 사이에는 좀 더 본질적인 차이가 있는데, 영국은 뒤에 온 자의 온갖 이로움을 취한다는 점이다. 로마 내전의 열매는 노예화였지만, 영국 분쟁의 열매는 자유였다. 영국 국민은 왕권에 저항함으로써 왕권을 규제하기에 이르렀고, 노력에 노력을 거듭해서 마침내 이런 현명한 정부를 수립한 지구상의 유일한 국민이 되었다. 이 정부에서 군주는 선을 행하기 위해서는 전능하지만 악을 행하기 위해서는 손이 묶여 있고, 영주들도 건방진 태도나 신하가 없어도 위대해 보이며, 국민들은 혼동 없이 정부를 공유하고 있다.

상원과 하원이 국가의 결정자이며, 국왕은 최고결정자다.[50] 이런 균형이 로마에는 없었다. 로마에서는 상류층과 민중이 그들을 일치시킬 수 있는 공유된 권력 없이 언제나 분리되어 있었다. 로마 상원은 평민들과는 아무것도 나누려 하지 않는, 부당하고 응징해야 할 오만을 지녔으며, 정부와 평민을 떼어 놓기 위해 외국과의 전쟁에 몰두하는 것 외에는 다른 비법을 알지 못했다. 그들은 평민을 이웃 우리에 풀어 놓아야 하는 맹수라고 생각했는데, 언제 주인을 삼킬지 몰라 두려웠기 때문이다. 이리하여 로마 정부의 가장 큰 단점은 평민들을 정복자로 만든 일이었는데, 마침내 분열하여 노예가 될 때까지 그들이 세상의 주인이 되었던 것은 그들이 자기 나라에서 불행했기 때문이다.

영국 정부는 그렇게 위대한 빛을 발하도록 만들어진 것도 아니고, 그토록 불길한 목적을 위해 조성된 것도 아니며, 그 목적은 정복하겠다는 찬란한 광기가 아니라 이웃 나라가 정복하지 못하도록 막는 것이다. 영국 국민은 자신의 자유만 열망하는 것이 아니라 다른 국민들의 자유도 열망한다. 영국인들이 루이 14세에 악착같이 대항한 것은 오직 루이 14세가 야심이 있다고 생각했기 때문이었다. 그들은 루이 14세와 어떤 확실한 이해 관계도 없이 마음의 기쁨을 위한 전쟁을 치렀던 것이다.

물론 그들은 영국 내에 자유를 확립하기 위해 대가를 치렀다. 전제 권력의 우상을 피의 바다에 빠뜨려 죽게 했지만, 영국인들은 훌륭한 법을 갖기 위해 너무 비싼 값을 치렀다고는 생각하지 않는다. 다른 나라 국민들도 그에 못지않은 고통을 치렀고 그들만큼 피를 흘려야 했지만, 그들이 자유의 대가로 흘렸던 피는 그들의 예속을 공고히 해주었을 따름이었다.

영국에서는 혁명이 된 것이 다른 나라들에서는 폭동에 그쳤다. 스페인에서나, 바바리아에서나, 터키[51]에서나 어떤 한 도시가 그들의 특권을 수호하기 위해 무기를 들면 즉시 용병들이 그 도시를 항복시키고 형집행인들은 처벌을 담당했으며, 나머지 도시들은 그 쇠

사슬에 입맞춤했다. 프랑스인들은 이 섬나라 정부가 섬을 둘러싼 바다보다 더 풍랑이 심하다고 생각하는데 사실 맞는 말이다. 그러나 그것은 왕이 폭풍을 불러올 때, 그리고 일급 조종사에 지나지 않을 따름인 왕이 배의 주인이 되려고 할 때다. 프랑스의 내란은 영국 내란보다 더 오래 끌었고, 더 잔인했고, 더 범죄가 넘쳤지만, 이 모든 내란 가운데 그 어떤 경우도 지혜로운 자유를 목적으로 하지는 않았었다.

샤를 9세와 앙리 3세의 증오할 만한 시대에는 오직 기즈 가문의 노예가 되느냐 마느냐가 문제였다. 최근에 파리에서 일어났던 전쟁도[52] 야유받을 만하다. 학교에서 학생감에게 대항해 반란을 일으키다 결국은 매질을 당하는 학생들을 보는 듯하다. 레츠 추기경은 재치와 용기가 풍부하지만 이를 잘못 사용하고 있으며, 뚜렷한 주제 없이 반항적이고, 명백한 의도 없이 반역을 하고, 군대도 없이 대장이 되어 음모를 위한 음모를 꾸몄으며, 자신의 기쁨을 위해 내란을 일으킨 것 같다. 의회는 그가 무엇을 원하고 무엇을 원하지 않는지 알지 못했다. 그는 명령을 내려 군대를 출동시키더니 군대를 해산시켰다. 군대를 위협하더니 용서를 구했고, 마자랭 추기경의 목에 현상금을 건 다음에는 의식을 갖추어 그를 치하했다. 샤를 6세 치하에서 일어난 내란[53]은 잔혹했고, 신성동맹의 내란은 혐오스러웠으며,[54] 프롱드의 난은 우스꽝스러웠다.

프랑스가 영국인을 가장 비난하는 대목은 찰스 1세에게 내린 형벌인데, 찰스 1세는 그가 이겼더라면 그 자신도 그리했을 방식으로 정복자들에게 처형당했다.[55]

어쨌거나 한편에는 전열을 갖춘 정식 전투에서 패배하여 감옥에 갇히고 재판을 받고 웨스트민스터 사원에서 형을 살고 있는 찰스 1세를 놓고, 또 다른 한편에는 영성체를 하다가 자신의 전속신부에게 독살당한 앙리 7세와 일개 파벌을 휩쓴 광기에 의해, 장관이 된 수도승에게 암살당한 앙리 3세와 앙리 4세를 없애려던 서른 차례의 암살 기도와, 그 중 몇 차례가 실행되다가 마침내 프랑스로부터 이 위대한 왕을 빼앗아 갔던 최후의 암살을 놓고 보시라.[56] 이런 테러 행위들의 경중을 따져 보고 판단해 보라는 이야기다.

정부에 관하여

영국 정부 내의 이 행복한 혼합, 서민들과 왕과 아무개 경이라고 불리는 귀족들 사이의 이 협주가 언제나 존속되었던 것은 아니다. 영국은 오랫동안 예속 상태였다. 즉 로마인·색슨인·덴마크인·프랑스인에게 예속되었다. 특히 정복자 윌리엄 왕은 철권으로 영국을 통치했고, 동방의 군주처럼 새로운 신하들의 재산과 목숨을 마음대로 처분하였다. 그는 어떤 영국인도 저녁 여덟시 이후 자기 집에 불을 피우거나 빛을 밝히지 못하도록 금지하였고, 어기면 사형에 처한다고 공표하였다. 이렇게 해서 야간 집회를 막으려고 하였거나, 아니면 그렇게 이상한 금지령으로 한 사람의 권력이 다른 사람에게 어디까지 미칠 수 있는지를 시험해 보려고 하였다.

정복자 윌리엄 왕 이전과 이후에 영국인들에게 의회가 있었던 것은 사실이다. 그 당시에도 의회라 불렸지만 폭군적인 성직자와 제후라 칭하는 약탈자로 구성된 이 집회가 마치 자유와 공공복지의 수호자이기라도 했던 것처럼 영국인들은 자랑스럽게 여기고 있다.

발트 해안에서 살다가 유럽 땅 다른 곳에 터를 닦은 바르바르인들이 우리가 그토록 왈가왈부했으면서도 잘 알지 못하는 의회와 정부의 관행을 가지고 왔다. 당시의 왕들이 그렇게 전제적이지 않았던 것은 사실이지만 국민들은 비참한 노예 상태에서 더욱 신음하고 있을 따름이었다. 프랑스·이탈리아·스페인·영국을 약탈했던 이 야만족의 우두머리들이 군주가 되었고, 군주 휘하의 대장들은 자기들끼리 정복한 땅을 나누어 가졌다. 그때부터 변새 총독·영주·제후·폭군의 아류들은 자주 왕과 다투며 백성들을 수탈했다. 그들은 비둘기 피를 빨아먹으려고 독수리와 싸우는 맹금류였다. 백성들은 한 명의 주인 대신에 백 명의 폭군을 만난 셈이다. 얼마 안 있어 사제들이 가담하였다. 그 시절 내내 골루아족·게르만족·영국 섬민족의 운명은 드루이드교의 승려와 마을의 우두머리들이 지배하였다. 그들 족장들은 옛 제후에 해당되지만 그 후예들보다는 덜 폭군적이었고, 드루이드교 승려들은 신성과 인간 사이의 중개자를 자처하였으며 법을 만들고 파문시키고 사형을 선고했다. 주교들은 고트족과 반달족의 정부에서 한시적인 그들의 권위를 조금씩 이어 나갔다. 교황은 그들의 수장이었으며, 교서와 옥새와 수도승으로 왕들을 떨게 만들고 왕들을 쥐락펴락하며 암살을 지시하기도 하고, 유럽에서 그들이 빼낼 수 있는 만큼의 돈을 모두 끌어갔다. 어리석은 이나스[57]는 영국의 칠두정치 시대[58]의 폭군 중 하나인데, 로마에서 성지 순례를 하다가 자기 영지에 있는 모든 성당이 교황에게 헌금 (우리 돈으로 약 1에퀴였다)[59]을 바치도록 앞장서 동의하여 섬나라 전체가 곧 이 본보기를 따랐다. 영국은 차츰 교황의 관구가 되었으며, 교황은 이따금 특사를 보내어 엄청난 세금을 거두어 갔다. '영토 없는 존' 왕은 마침내 그를 파문했던 교황에게 자기 왕국을 고스란히

양도했다. 그러자 이런 처사가 자기에게 이익될 게 없다고 생각한 제후들은 이 가엾은 왕을 몰아내고 그 자리에 프랑스의 왕인 성 루이의 아버지, 루이 8세를 앉혀 놓았다. 그러나 그들은 곧 이 새로운 영입자에게 염증을 느껴 바다 건너 프랑스로 돌아가게 했다.

제후들, 주교들, 교황들이 이렇게 영국을 분열시켰던 것이다. 영국에서는 모두가 명령하려고 했다. 백성들이란 가장 수가 많고, 가장 덕이 많기까지 한 까닭에 인간들 중 가장 존경할 만한 집단으로 법과 과학을 연구하는 사람, 협상가, 장인, 한마디로 말해서 폭군이 아닌 모든 사람들로 구성되어 있는데, 이런 백성이 정말이지 폭군들에 의해 인간 이하의 동물로 여겨져 왔다. 그 당시에 서민들이 정부에 가담한다는 것은 어림없는 일이었다. 서민들은 농노였고, 그들의 노동과 혈통은 귀족이라 불리는 그들의 주인 몫이었다. 유럽에서 가장 수가 많은 사람은 아직 북유럽의 여러 곳에 존재하는 영주의 농노들로 이들은 토지와 함께 사고팔리는 일종의 가축이었다. 다수가 씨를 뿌리고 소수가 수확을 하는 것이 끔찍하다고 느끼고, 인간성에 정의를 돌려주기 위해서는 여러 세기가 필요했다. 프랑스에서는 왕의 합법적 권력에 의해, 영국에서는 왕과 백성의 합법적 권력에 의해 이 소수의 강도들의 권위가 빛을 잃었다는 사실이 인류에게는 행복이 아니겠는가?

다행히 왕과 권세가들의 싸움이 제국에 가져다 준 혼란 속에서 국가의 철권은 다소간 느슨해졌다. 영국에서는 폭군들의 싸움으로부터 자유가 태어났고, 제후들은 '영토 없는 존' 왕과 헨리 3세가 저 유명한 대헌장에 동의하도록 강요하였다. 대헌장의 주목적은 사실 왕들을 제후에게 의존하도록 하는 것이었고, 나머지 국민들은 약간의 혜택을 보는 것으로 경우에 따라서는 이른바 그들의 보호자라는 제후의 편에 서도록 하는 것이었다. 영국식 자유의 성스러운 기원으로 간주되고 있는 이 대헌장은 우리가 자유라는 것을 얼마나 잘 알지 못하고 있는지를 헌장 자체가 잘 보여주고 있다. 대헌장이라는 제목만으로도 왕이 스스로를 권력의 절대자로 여기고 있다는 것과, 또 제후와 성직자들마저도 그 권력이라는 것을 왕에게 내놓으라고 강요할 때 그 유일한 이유는 자신들이 가장 강한 권력이기 때문에 그렇다는 것임을 증명해 주고 있다.

대헌장은 이렇게 시작한다. "우리는 우리의 자유로운 의지로써 대주교·주교·사제·소수도원장 및 이 왕국의 제후들에게 다음과 같은 특권을 인정한다."[60]

이 대헌장의 조항 속에 하원에 대해 한마디도 언급이 없다는 것은 하원이 아직 존재하지 않았거나 존재해도 힘이 없다는 것을 증거한다. 대헌장에는 영국의 자유인이라고 명시되어 있는데, 이는 자유인이 아닌 사람들이 있었다는 슬픈 증명이다. 32조[61]를 보면 이른바 자유인들은 자신의 영주에게 봉사해야 하는데, 그런 자유란 아직 노예적 요소를 많이 갖고 있는 것이다.

21조[62]를 보면 공직자들이 앞으로는 자유인의 말과 마차를 강제로 빼앗을 수 없고, 돈을 지불해야 한다고 왕이 명령하고 있다. 이 규정이 백성들에게는 더 심한 횡포를 덜어주었기 때문에 진정한 자유로 보였던 것이다.

운 좋은 찬탈자이며 위대한 정치가인 헨리 7세는 제후들을 좋아하는 척하였지만 사실 그들을 증오하고 두려워하였으며, 어떻게 해서든 그들이 영토를 양도하도록 할 궁리에 몰두하였다. 그리하여 후일 노동으로 재산을 모은 서민들이 광기로 가산을 탕진한 대귀족들의 성을 사들였고, 차츰 모든 땅들이 주인의 이름을 바꾸게 되었다.

하원은 하루하루 더욱 강력해졌고, 옛 귀족 가문들은 세월과 함께 몰락해 갔다. 영국에는 엄격한 법대로 하면 귀족 신분은 상원의원뿐이므로 만일 왕이 가끔씩 새로운 제후를 만들어내지 않고, 또 너무나 두려운 존재가 된 하원의원의 신분과 맞세우느라 예전에 엄청 두려워했던 상원의원의 신분을 보존하지 않았더라면, 이 나라에 귀족이란 더 이상 남아 있지 않았을 것이다.

상원을 구성하는 이 모든 신흥 귀족들은 왕으로부터 작위를 부여받을 뿐 그 이상은 아무것도 받지 않으며, 그들 가운데 누구도 자신의 성을 딴 영토를 갖고 있지 않다. 도르셋 공작은 도르셋샤이어에 한치의 땅도 갖고 있지 않고, 어느 마을의 백작은 그 마을의 위치만 겨우 알고 있을 따름이다. 그들은 의회에서는 권력을 갖지만 다른 곳에서는 그렇지 않은 형편이다.

여기 영국에서는 상·중·하의 사법권이 있다는 말도 들을 수 없고, 시민이 자기 땅에서 총을 쏠 자유를 갖지 못하며, 그 시민의 땅에서 사냥을 할 수 있는 권리가 있다는 말도 들을 수 없다.

영국에서는 귀족이라는 이유로, 혹은 사제라는 이유로 어떤 세금도 면제되지 않는다. 모든 세금은 하원에서 조정되며, 하원은 서열로는 두번째이지만 신뢰에 있어서는 첫째간다.

귀족들과 주교들은 세금에 대한 하원의 법안을 거부할 수 있지만 법안의 어떤 내용도 바꿀 수 없고, 어떤 조건 없이 법안을 수용하거나 거부해야 한다. 법안을 귀족들이 확인하고 왕이 동의하면 그때 모든 사람이 세금을 낸다. 각자 자신의 신분에 따라 내는 것이 아니라(불합리하다) 자신의 수입에 따라 낸다. 재산세나 임의적인 인두세가 있는 것이 아니라 토지에 대한 실질적인 세금이 부과되는 것이다. 토지들은 유명한 윌리엄 3세 치하에서 모두 감정되었는데, 토지의 실제 가치보다 낮게 매겨졌다.

토지에서 나오는 수입이 증가해도 세금은 언제나 같은 액수이다. 그러니 아무도 속임당하지 않고, 아무도 불평하지 않는다. 농부라도 나막신 때문에 발에 상처날 리가 없고, 흰 빵을 먹고 옷을 잘 입는다. 기와지붕을 덮거나 가축 수를 불리면서 다음해에 세금이 오를까 봐 걱정하지 않는다. 여기 영국에는 재산이 약 20만 프랑가량 되는 농부들이 많은데, 그들은 자신들을 부자로 만들어 준 땅을 쉬지 않고 부지런히 경작하며 그 땅에서 자유롭게 살고 있다.

상업에 관하여

영국에서 시민들을 부유하게 만들어 준 상업은 그들을 자유롭게 하는 데 기여하였고, 그 자유는 상업을 신장시켰으며, 그로부터 국가의 위대함이 이루어졌다. 영국인을 바다의 주역으로 만들어 준 해군력을 점차 확립시킨 것이 바로 상업이다. 그들은 현재 200척 가까운 전함을 보유하고 있다. 소량의 납과 주석, 표백토와 거친 양모밖에는 가진 게 없는 조그만 섬나라가 상업을 통해서 1723년[63]에 세계의 세 극단에 동시에 세 개의 함대를 파견할 수 있을 만큼 강력해졌다는 사실에 후세 사람들은 아마도 놀랄 것이다. 첫번째 함대는 무력으로 정복하여 유지하고 있는 지브롤터 앞바다로, 두번째 함대는 스페인 왕이 인도의 보물을 향락하는 기쁨을 누리지 못하도록 포르토벨로로, 세번째 함대는 북해의 강국들이 서로 싸우지 못하도록 발트 해로 파견되었다.

루이 14세가 이탈리아를 벌벌 떨게 하고, 이미 사보이와 피에몬테 지방을 손에 넣은 군대가 토리노를 정복할 만반의 준비가 되어 있었을 때, 외젠 왕은 사보이 공작을 구출하기 위해 독일 내륙에서 행군해 나와야 했다. 그는 돈이 없었고, 돈 없이는 도시를 정복할 수도, 방어할 수도 없었으므로 영국 상인들에게 도움을 청하였다. 30분 만에 영국 상인들은 5백만 파운드를 빌려주었고, 그 돈으로 토리노를 해방시키고 프랑스인들을 물리쳤다.[64] 그리고 그 돈을 빌려줬던 사람들에게 이런 쪽지를 썼다. "여러분, 내가 여러분의 돈을 받아서 여러분의 마음에 드시도록 그 돈을 사용한 것을 자랑스럽게 생각합니다."

이 모든 것이 영국 상인에게 정당한 자부심을 부여하였으며, 이유가 없지는 않지만 감히 로마 시민과 자신을 비교하게 하였다. 그러니 이 왕국에서는 귀족의 동생이라고 해서 상업을 경멸하지 않는다. 이 나라의 장관인 타운센드 경에게는 시테 섬에서 장사를 하며 만족해하는 동생이 있다. 옥스퍼드 경이 영국을 통치하던 시절 그의 동생은 알렙에서 우체부 노릇을 하고 있었는데 돌아오려 하지 않고 거기서 죽었다.

이런 관습은 이제 당연한 것이 되었지만, 자기 출신지에 집착하는 독일인에게는 기이하게 보인다. 그들은 대귀족의 아들이라면 독일에서는 모두가 왕자인 반면, 영국에서는 부유하고 권세 있는 부르주아에 불과한 것을 이해하지 못한다. 독일에서는 가진 것이라고는 가문과 자만심뿐이면서 같은 성을 가진 전하를 서른 명까지 보았다.

프랑스에는 후작이라는 것이 있는데, 쓸 돈과 귀족풍의 이름을 갖고 시골구석에서 파리로 올라온 사람은 누구든지 '나 같은 사람, 나 같은 신분의 사람'이라고 말할 수 있으며, 도도하게 상인을 멸시할 수 있다. 상인 자신도 자기 직업에 대해 너무 자주 얕잡아 말하는 것을 들은 터라 어리석게도 자기 직업에 스스로 얼굴을 붉힌다.

그렇지만 왕이 몇 시에 일어나고 몇 시에 취침하는지를 정확하게 알고 총리대신의 응접실에서 하인 노릇을 하며 위대한 체하는 분칠한 귀족과, 자기 나라를 부유하게 만들고 자기 집무실에서 수라트나 카이로로 주문을 내며 세계의 행복에 기여하는 상인 중에서 어느쪽이 나라에 더 유익한 것인지, 나는 모르겠다.

천연두의 접종에 관하여[65]

기독교적인 유럽에서는 은근히 영국인을 미치광이니 과격파라고 말한다. 영국인들이 천연두에 걸리지 않도록 한다며 자기 아이들에게 천연두를 접종하기 때문에 미치광이고, 불확실한 병을 예방한다며 확실하고 두려운 질병을 아이에게 자진해서 주입하기 때문에 과격파인 것이다. 한편 영국인들은 이렇게 말한다. "다른 유럽인들은 비겁하고 비인간적이다. 자기 아이들이 병을 가볍게라도 앓을까봐 두려워한다는 점에서 비겁하고, 아이들이 언젠가 천연두에 걸려 죽게 내버려둔다는 점에서 비인간적이다." 이 논쟁에서 누가 옳은지를 판단하기 위해 영국이 아닌 다른 곳에서 사람들이 심한 공포를 느끼며 주고받는 접종에 관한 유명한 이야기를 들어 보자.

시르카시아[66]의 여인들은 아득한 옛적부터 아이들에게 천연두를 접종하는 관습이 있었다. 6개월 된 아기에게까지 그 팔에 흠집을 내고, 다른 아이의 몸에서 조심스럽게 떼어온 종기를 이 흠집 안에 주입하는 것이다. 이 종기는 주입된 팔 속에서 밀가루 반죽 속의 효모 같은 효과를 내면서 팔에서 발효하여, 혈액 전체에 종기의 성분을 퍼뜨린다. 이렇게 인위적으로 천연두를 주입받은 아이의 종기는 그 병을 다른 아이에게 주입하는 데 이용된다. 이 방법은 시르카시아에서 끊이지 않고 전승되고 있다. 불행히도 이 지방에 천연두가 발병하지 않을 때에는 당황하곤 하는데, 마치 다른 곳에서 천연두가 심한 해에 당황하는 것과 같다.

다른 민족들이 보기에는 매우 이상한 이 관습이 시르카시아에 들어온 것은, 지구 어디를 가나 공통된 이유인 모성애와 유용성 때문이다.

시르카시아인은 가난하고, 그들의 딸들은 아름답다. 그러니 그들의 가장 큰 거래 품목은 딸들이다. 그들은 대영주나 페르시아 소피의 하렘, 그리고 이 귀중한 상품을 사들여 유지할 만한 부를 지닌 사람들에게 미인을 제공해 왔다. 그들은 딸들이 남자를 애무하고 음란하고 방종한 춤을 추며 온갖 기교로 자신의 운명을 손에 쥔 거만한 주인의 가장 탐욕스럽기 짝이 없는 구미를 돋우도록 모든 것을 다 바쳐 가르친다. 이 가엾은 피조물들은 흡사 우리들의 어린 딸들이 아무것도 이해하지 못한 채 교리문답을 되풀이하듯 매일 어머니와 함께 배운 것을 복습한다.

그런데 부모가 수고를 바쳐 자녀들에게 훌륭하게 교육을 시킨 다음 갑자기 그들의 희망이 불길해지는 것을 종종 본다. 천연두가 집안에 들어온 것이다. 딸 하나가 천연두로 죽고, 다른 딸 하나는 한쪽 눈을 잃고, 셋째딸은 자리에서 일어났지만 코가 흉하게 망가졌다면 가난한 사람들은 어떤 대책도 없이 파산하고 만다. 심지어 천연두가 퍼질 때는 장사가 몇 해씩 중단되기도 하며, 페르시아와 터키의 후궁 수가 눈에 띄게 줄어드는 원인이 된다.

상업 국가는 언제나 이해 관계에 매우 예민하며, 협상에 써먹을 만한 지식을 하나도 소홀히 하지 않는다. 시르카시아인들은 천연두를 온전히 두 번 앓는 사람은 천 명당 한 명이 있을까말까 하다는 것을 알아차렸다. 사실 세 번이나 네 번 가벼운 천연두를 앓는 일은 있어도 치명적이고 위험하게 두 번 앓는 법은 없다는 것, 한마디로 말해 사람들은 일생 동안 이 병을 두 번 앓는 일은 없다는 것을 알게 된 것이다. 그들은 또 천연두가 매우 가벼운 증상을 보일 때나, 발진이 여리고 섬세한 피부에서 났을 때는 얼굴에 아무 자국도 남기지 않는다는 사실에 주목하였다. 이러한 자연스런 관찰로부터 만일 6개월이나 1년 된 아이가 가벼운 천연두를 앓는다면 그 아이는 그 병 때문에 죽지 않을 것이며, 흉터도 남지 않을 것이고, 남은 생애 동안 이 병에 걸리지 않으리라는 결론을 얻게 되었다.

그러므로 그들의 아이들에게 생명과 아름다움을 보존해 주기 위해 일찌감치 천연두를 앓게 하는 것이 과제였다. 그래서 그들은 가장 온전하면서 가장 쉽게 얻을 수 있는 천연두로부터 채취한 종기를 아이의 몸에 주입시키게 되었다.

실험은 실패할 리 없었다. 교양 있는 터키인들도 곧 이 관습을 따랐고, 오늘날 콘스탄티노플에서는 젖을 떼면서 아들딸들에게 천연두를 넣어주지 않는 사람은 없다.

시르카시아인들이 예전 아랍의 관습을 가져온 것이라고 주장하는 사람들이 있지만, 우리는 이런 역사적 문제는 몇몇 베네딕트파 학자들이 규명하도록 남겨두자. 그들은 이 문제에 대해 증거를 갖추어 여러 권의 책을 쓸 수 있을 것이며, 내가 말할 수 있는 것은 다음의 이야기가 전부다. 조지 1세 치하 초기 워틀리 몬테규 부인[67]이라는 기지 있고 사고력이 뛰어난 한 영국 부인이 콘스탄티노플에서 대사인 남편과 함께 살았는데, 이 나라에서 낳은 아이에게 거리낌 없이 천연두를 주입하려고 하였다. 그 부인의 전속신부가 이 실험은 기독교적이 아니며, 비신자들에게나 있을 수 있는 일이라고 말렸으나 소용없었고 워틀리 부인의 아들은 기적을 보여주었다. 그 부인이 런던으로 돌아와 자신의 경험을 오늘의 여왕이신 웨일스 공주에게 알려주었다. 솔직히 말해서 그 공주는 직위와 왕관을 떠나서 모든 예술을 장려하고 인간에게 선을 행하기 위해 태어난 분이며, 왕관을 쓴 사랑스러운 철학자다. 그녀는 배움의 기회나 자신의 관대함을 행사할 기회를 결코 놓치지 않았으니, 밀턴의 딸이 아직 살아 있는데 가난하게 살고 있다는 말을 듣고는 그 자리에서 적지않은 선물을 보낸 사람이며, 가엾은 쿠레이에 신부를 보호하고, 클라크 박사와 라이프니츠 사이를 중재한 것도 바로 그녀이다. 천연두의 접종 또는 주입에 대한 이야기를 듣기가 무섭게 그녀는 사형을 선고받은 네 명의 죄수들에게 실험해 보도록 했다. 그녀는 그들의 생명을 두 번 구한 것이었다. 왜냐하면 그들을 교수형으로부터 구해 주었을 뿐만 아니라 이 인위적인 천연두 접종으로 그들이 어쩌면 좀 더 나이 들어 걸려서 죽게 되었을지 모를 진짜 천연두를 예방해 주었기 때문이다.

공주는 이 실험의 유용성을 확신하고 자신의 아이들에게 접종하게 했다. 영국은 그녀의 모범을 따랐고, 그때부터 적어도 만 명의 아이들이 여왕과 워틀리 몬테규 부인으로부터 생명의 은혜를 입었으며, 또 그만큼의 처녀들이 자신의 미모를 잃지 않게 되었다.[68]

세계에서 1백 명당 최소한 60명은 천연두에 걸리는데, 천연두가 가장 가벼운 해에 이 60명 중에서 20명이 그로 인해 목숨을 잃고, 20명이 곰보 자국을 영원히 갖게 된다. 그러니 인간의 5분의 1이 천연두로 죽거나 추해지는 셈이다. 터키나 영국에서 접종을 받은 사람들은 어느 한 사람도 불구가 되지 않았고, 사형 선고를 받지 않는 한 죽지 않았다. 특히 접종이 완벽한 경우 아무도 얼굴에 흉터를 남기지 않았고, 누구도 천연두를 두 번 앓지 않았다. 그러므로 어떤 프랑스 대사 부인이 이러한 콘스탄티노플의 비법을 파리로 가져왔더라면 그녀는 국가를 위해 영원한 봉사를 한 셈이 되었을 것이다. 오늘의 오몽 공작의 부친이며 더없이 건강하고 훌륭했던 프랑스인 빌키에 공작도 한창 나이에 죽지 않았을 것이다.

가장 눈부시게 건장했던 수비즈 왕자가 스물다섯 살에 저세상으로 불려가지 않았을 것이고, 루이 15세의 할아버지 전하께서 50세에 땅에 묻히지도 않았을 것이며, 1723년에 파리에서 천연두로 죽은 2만 명은 아직 살아 있을 것이다. 그런데 어째서일까? 프랑스인들은 생명을 사랑하지 않는 것일까? 프랑스의 여인들은 아름다움을 염려하지 않는 것일까? 사실 우리 프랑스인이 이상한 사람들이다. 어쩌면 10년 후에 사제들과 의사들이 허락한다면 영국의 이 방법을 쓰게 될 것이다. 그렇지 않고 영국인들이 변덕이 나서 싫증을 느낀다면 석 달 후에 프랑스인들이 일탈삼아 접종을 해볼 것이다.

나는 중국인들이 100년 전부터 이 관습을 따르고 있음을 알게 되었다. 세상에서 가장 지혜롭고 가장 질서 있는 나라로 여겨지는 국가의 사례는 중요한 징후다. 중국인들이 다른 방식으로 접종한다는 것은 사실이다. 그들은 주입하는 것이 아니라 가루담배처럼 코로 천연두를 들이마시도록 한다. 이 방법이 좀 더 기분 좋겠지만 결과는 마찬가지이며, 프랑스에서 접종을 실행했더라면 수천 명의 목숨을 구할 수 있었으리라는 것을 재확인해 주는 것이다.

재상 베이컨[69]에 관하여

　얼마 전 어떤 유명한 모임에서의 일이다. 카이사르와 알렉산더, 티무르와 크롬웰 중에서 누가 가장 위대한 사람인가 하는 진부하고 가벼운 문제가 화제에 올랐다.

　이론의 여지없이 아이작 뉴턴이라고 어떤 사람이 대답했다. 맞는 말이다. 왜냐하면 진정한 위대함이란 하늘로부터 강력한 재능을 부여받아 그 재능을 자신과 다른 이들을 밝게 비추는 데 사용하는 것이라고 한다면, 뉴턴 같은 사람은 천 년에 한 번 나올 만한 사람으로 진정으로 위대한 사람이다. 그리고 정치가들이나 정복자들은 어느 세기에나 빠지지 않고 존재하지만, 그들은 뛰어난 악인일 뿐이다. 우리가 존경을 표해야 하는 것은 폭력을 써서 노예를 삼는 사람들이 아니라 진리의 힘으로 정신을 지배하는 사람이며, 우주를 파괴하는 사람이 아니라 우주를 이해하는 사람인 것이다.

　그리고 여러분이 영국이 배출한 유명한 사람들에 대해 말해 달라고 요청하므로 베이컨 · 로크 · 뉴턴 등에서 이야기를 시작하려고 한다. 장군들이나 장관들은 그들 차례가 되면 말할 것이다.

유럽에서는 베이컨이라는 성으로 알려진 베륄람의 유명한 백작 이야기부터 해야겠다. 그는 법무부 장관의 아들로서 잭 1세 치하에서 오랫동안 재상을 지냈다. 그렇지만 궁정의 모함과 전력투구해야 하는 업무 속에서도 위대한 철학자, 훌륭한 역사학자, 우아한 작가로서 시간을 보냈다. 게다가 더욱 놀라운 점은 그는 사람들이 글 잘 쓰는 기술을 전혀 알지 못할 뿐만 아니라 훌륭한 철학에 대해서도 잘 모르던 시절에 살았다는 것이다. 그는 인간사에서 흔히 있듯이 생전보다도 사후에 더욱 높은 평가를 받았다. 그의 적들은 런던 궁정에 있었고, 그의 지지자들은 전 유럽에 걸쳐 있었다.

에피아 후작이 웨일스의 왕자와 결혼하기로 되어 있던 앙리 대왕의 딸, 마리 공주를 영국으로 데리고 왔을 때 베이컨을 찾았다. 베이컨은 그때 아파서 침대에 누워 있었고, 커튼을 내린 채로 그를 맞았다. "당신은 천사를 닮았군요. 우리는 언제나 천사에 대해 사람들이 하는 말을 들어 왔지요. 우리는 인간보다 천사가 우월하다고 생각하는데, 천사를 보는 기쁨은 누리지 못하는군요"라고 에피아 후작이 그에게 말했다.

여러분은 어떻게 베이컨이 철학자에게 어울리지 않는 죄로 기소되었는지, 어떻게 돈 때문에 부패하게 되었는지, 어떻게 그가 상원에서 우리 돈으로 40만 리브르의 벌금형을 선고받고 재상과 상원으로서의 지위를 잃었는지를 알고 있다.

오늘날 영국인들은 그를 추모하여 그가 죄인이었다는 것을 밝히고 싶어하지 않는다. 여러분이 내 생각을 묻는다면 볼링브로크 경에게서 들은 말 한마디를 인용하여 대답하겠다. 말보로 공작의 인색함이 비난의 대상이 되어 그에 대해 사람들이 말하고 있었는데,

그 자리에는 볼링브로크도 있었다. 말보로 공작의 특징을 몇 가지 얘기하다 볼링브로크라면 누구나 다 아는 말보로의 적수였으므로 그가 어떤 사람이라고 적절하게 말할 수 있겠다고 생각하여 사람들이 볼링브로크의 증언을 요청하였다. 그러자 "그는 너무 위대한 사람이어서 그의 악덕을 잊어버렸소"라고 볼링브로크는 말했다.

그러므로 나도 여러분에게 베이컨 재상에 대해서 유럽의 존경을 받을 만한 면모만 말하려고 한다.[70]

그의 저서들 중에서 가장 독창적이고 가장 훌륭한 것은 오늘날 가장 드물게 읽히고 가장 쓸모없는 책이다. 나는 그의 《노붐 오르가눔》에 대해 말하고 싶다. 사람들이 새로운 철학을 세우게 된 버팀목이 된 책인데, 그러한 건축물이 적어도 부분적으로나마 세워졌을 때 버팀목은 더 이상 소용이 없게 되었다.

재상 베이컨은 아직 본성을 알지 못했지만 본성에 이르는 모든 길을 알고 있었고, 그것을 지적해 주었다.[71] 일찍이 그는 대학인들이 철학이라 부르는 것을 경멸했으며, 인간 이성의 완전함을 위해 세워진 대학들이 인간 이성을 끊임없이 망쳐 놓지 못하도록 자신이 좌우할 수 있는 모든 일을 다하고 있었다. 대학들은 자신의 본질과 허무에 대한 공포, 실체적 형태, 그리고 무지로 인해 존경받을 뿐만 아니라 종교와의 우스운 혼합으로 거의 성스러운 것이 되어 버린 온갖 부적절한 말들을 써서 인간 이성을 망쳐 놓고 있었던 것이다.

그는 경험철학의 아버지다. 베이컨 이전에도 인간이 놀라운 비밀을 발견했던 것이 사실이기는 하다. 인간은 나침반, 인쇄술, 판화, 유화, 거울, 노인들에게 시력을 되찾아 주는 안경의 기술, 화약 등을 발명했다. 인간은 새로운 세계를 추구했고, 발견했고, 정복했다. 이런 숭고한 발명들이 우리 시대보다 더 계몽된 시대에 위대한 철학자들에 의해 이루어졌으리라고 누군들 생각하지 않겠는가? 그러나 전혀 그렇지 않다. 이런 위대한 변화가 지상에서 이루어진 때는 가장 어리석은 야만의 시대에서였다. 이런 발명들 거의 모두는 오로지 우연이 이룬 것이며, 아메리카 대륙의 발견에 있어서도 우리가 우연이라고 부르는 것이 큰 몫을 했던 것 같다. 적어도 우리는 크리스토프 콜럼버스가 폭풍우를 만나 카리브 해의 섬까지 밀려갔던 배의 선장이 하는 말만 믿고 여행을 기획했다고 알고 있었다.

어찌되었건 사람들은 세상의 끝까지 갈 줄 알았고, 자연의 천둥보다 더 무서운 인공의 천둥으로 도시를 파괴할 줄 알았지만 피의 순환이나 공기의 무게, 운동의 법칙, 빛, 행성의 수 등은 알지 못했다. 아리스토텔레스의 카테고리에 대해서, 물질의 세계에 대해서, 또는 다른 어리석은 일들에 대해서 어떤 주장을 내세운다면 놀라운 사람으로 간주되었다.

가장 유용하고 더없이 놀라운 발명들은 인간 정신을 가장 명예롭게 해준 발명들이 아니다.

우리의 모든 기술들은 대부분의 인간들이 갖고 있는 기계적 본능에 힘입은 것이지 건전한 철학에 힘입은 것이 아닌 것이다.

불의 발견, 빵을 만들고, 금속을 녹이고 정제하고, 집을 짓는 기술, 베틀북의 발명 등은 인쇄술과 나침반과는 전연 다른 필요에서 나온 것이지만 이런 기술은 아직 야만적인 인간들이 발명했던 것이다.

기계가 발명된 이후로 그리스인들과 로마인들은 얼마나 놀랍게 그것을 이용했던가? 그러나 그 시대에 사람들은 하늘이 수정으로 이루어져 있으며, 별들은 가끔씩 바다에 떨어지는 작은 등불이라고 생각했다. 그리고 그들의 위대한 철학자들 중 어떤 사람은 많은 연구 끝에 천체가 지구에서 떨어져 나간 조약돌이라고 생각했다.

한마디로 말해서 베이컨 재상 이전에는 아무도 경험철학을 알지 못했다. 베이컨 이후로 사람들이 행한 모든 물리 실험 중에 그의 책에 나와 있지 않은 것은 거의 하나도 없다. 그는 스스로 여러 실험을 했으며, 공기의 탄력성을 알아낼 수 있는 일종의 배기펌프를 만들었고, 공기의 무게 발견에 거의 근접하여 잡힐 듯이 주변을 맴돌았다. 이 진리는 토리첼리가 포착하였다.[72] 그후 얼마 지나지 않아 실험물리학이 갑자기 거의 전 유럽에서 동시에 육성되기 시작했는데, 그것은 베이컨이 감지했고 모든 철학자들이 그의 장담에 용기를 얻어 발견하려 애쓴 숨은 보석이었다.

그러나 내가 가장 놀랐던 것은 그의 책에, 뉴턴이 발견했다고 알려진 '새로운 중력'이 명확하게 표현되어 있다는 점이다.

"지구와 무게가 있는 물체 사이에서, 달과 대양 사이에서, 행성들 사이에서 작용하는 일종의 자력이 없는지 찾아봐야 한다"고 베이컨은 말했다.[73]

또 다른 곳에서는 이렇게 말하고 있다.

"무거운 물체는 지구의 중심을 향해 운반되거나 서로 끌어당겨야 한다. 후자의 경우에 떨어지는 물체가 지구에 가까이 접근하면 할수록 서로 더욱 강하게 끌어당기는 것이 분명하다. 같은 추시계가 산의 정상에서 더 빨리 가는지, 광산의 갱 아래에서 더 빨리 가는지 실험해야 한다. 만일 추의 무게가 산 위에서 줄어들고 광산에서 증가한다면, 지구가 진짜 인력을 갖고 있다는 증거가 된다.[74]

이 철학의 선구자는 우아한 작가이자 역사가이며 재치 있는 정신의 소유자이기도 했다.

그의 도덕 에세이는 매우 높은 평가를 받고 있지만 그것은 즐거움을 주기보다 가르침을 주기 위해 쓴 것이고, 라 로슈푸코의 《잠언집》처럼 인간 본성에 대한 풍자도 아니고, 몽테뉴처럼 회의주의 학파도 아니어서 이 두 천재들의 책보다는 덜 읽히는 편이다.

《헨리 7세의 역사》는 그의 대표작으로 여겨지고 있지만, 그 책이 우리 프랑스의 유명한 투(Thou)[75]의 작품과 비교될 수 있으리라고 생각한다면 큰 오해일 것이다.

부르고뉴 공작부인에게 용기를 얻어 영국왕 리처드 4세의 이름을 대담하게도 차용하고, 헨리 7세와 왕위를 다툰 유태 태생의 유명한 사기꾼 파킨스에 대해 이야기하면서 베이컨 재상은 이렇게 쓰고 있다.

"이 무렵 헨리 왕은 부르고뉴 공작부인의 마법에 홀려 간악한 꾀에 넘어갔다. 그녀는 지옥으로부터 에두아르 4세의 망령을 불러내어 헨리 왕을 괴롭히러 오라고 했다.

부르고뉴 공작부인은 파킨스를 훈련시킨 다음, 이 혜성을 하늘 아래 어느 지역에 출현시킬 것인가 숙고하기 시작했다. 그리고 우선 아일랜드의 지평선 위에서 터뜨리기로 결심했다."

우리의 현명한 투는 예전에는 고상하다고 여겨졌으나, 지금은 횡설수설이라고 이성적으로 평가하는 이런 허풍을 떨지는 않은 것 같다.

로크에 관하여

로크보다 더 현명하고 더 체계적이고 더 정확한 논리학자는 아마도 일찍이 없었을 것이다.[76] 그는 정신에 아무 느낌도 주지 못하는 피곤한 계산이나 메마른 수학적 진실에 결코 굴복하지 않았다. 기하학의 도움 없이도 기하학적 정신을 지닐 수 있다는 것을 그보다 더 잘 보여준 사람은 없었다. 로크 이전에 위대한 철학자들은 인간의 영혼이 무엇이라고 확실하게 정의해냈다. 그러나 그들은 전체에 대해 아무것도 알지 못했으므로 당연히 모두 다른 견해를 가지고 있었다.

예술과 오류의 요람인 그리스에서는 인간 정신의 위대함과 어리석음을 너무 멀리까지 밀고 나가 영혼에 대해 프랑스에서처럼 논리적으로 설명하였다.

태양이 펠로폰네소스보다 더 크고, 눈[雪]이 검은색이며, 하늘이 돌로 되어 있다고 가르쳐 준 대가로 인간들이 제단을 세워 준 신성한 아낙사고라스[77]는 영혼이란 공기의 정령이며 불멸이라고 확언하였다.

위조 화폐를 만든 이후로 견유학파[78]가 된 디오게네스와는 다른 또 한 명의 디오게네스[79]는 영혼이란 신이라는 실체 자체의 일부라는 확신을 갖고 있었는데, 적어도 이 생각에는 재치가 있었다.

에피큐로스는 영혼을 육체와 마찬가지로 여러 부분으로 구성하였다. 사람들이 그의 말을 잘 알아들을 수 없었으므로 온갖 방식으로 설명해 왔던 아리스토텔레스는 그의 제자들 몇 사람의 말을 따르자면, 모든 인간의 오성은 유일하며 동일한 실체라고 믿었다.

신성한 아리스토텔레스의 스승인 신성한 플라톤과 플라톤의 스승인 신성한 소크라테스는 육체적이고 영원한 영혼을 말한 바 있는데, 아마도 소크라테스의 악마가 그에게 영혼이 어떤 것인지를 가르쳐 주었을 것이다.[75] 사실 평범한 재능을 자랑하는 인간은 두말할 것도 없이 미치광이거나 사기꾼이라고 주장하는 사람들이 있지만, 그렇게 말하는 사람들은 너무 까다로운 편이다.

우리 교회의 교부들로 말하자면, 초기 세기의 여러 교부들은 인간의 영혼, 천사, 육체를 지닌 신을 믿었다.

세상은 늘 세련되어 간다. 마비용 신부의 증언에 따르면 성 베르나르는 죽은 후에 영혼은 하늘에서 신을 볼 수 없으며, 오직 예수 그리스도의 인성과 대화한다고 가르쳤다. 십자군 원정으로 그가 하는 말에 대한 믿음이 떨어지자 이번에는 사람들이 그의 말을 믿지 않았다. 그 다음으로 스콜라철학의 학자들이 수없이 나타났는데, 항의할 수 없는 박사, 민감한 박사, 천사 같은 박사, 청순한 박사, 귀여운 박사들이었다.[81] 이들은 모두 매우 분명하게 영혼을 안다고 확신했다. 그러나 그들은 마치 아무도 영혼을 이해하지 못하기를 바랐던 것처럼 영혼에 대해 말하도록 놔두지 않았다.

데카르트는 고대의 오류를 발견하기 위해, 그러나 자신의 오류로 그것을 대체하기 위해 태어난 사람이다. 그는 가장 위대한 인간들을 맹목적으로 만드는 체계적인 정신으로 훈련되었는데, 물질이란 그것이 차지한 공간과 같듯 영혼이란 생각과 같은 것임을 자신이 증명했다고 생각했다. 인간은 언제나 사유하며 영혼은 육체 안에 깃들고, 육체는 모든 형이상학적 인식을 갖추고, 신과 공간과 무한을 인지하며, 모든 추상적 사고를 지니며, 한마디로 흠 없는 인식을 가득 담고 있었지만 불행히도 어머니의 뱃속에서 나오면서 잊어버린 것이라고 확신했다.

오라토리오 수도회의 말브랑슈는 숭고한 환상 속에서 선험적 사상을 받아들였을 뿐만 아니라 우리는 신 안에서 전체를 보고 있으며, 신이야말로 우리의 영혼이라는 것을 의심하지 않았다.

많은 이론가들이 영혼에 대한 소설을 쓰고 있을 때 한 현인이 나타나 겸손하게 영혼의 이야기를 썼다. 로크는 어떤 뛰어난 해부학자가 인간 육체의 생명력을 설명하듯이 인간에게 인간적 이성을 설명해 주었다. 그는 곳곳에서 물리학[82]의 불꽃의 도움을 받아 때로 대담하게 긍정적으로 말하기도 하고, 또 대담하게 의심하기도 한다. 단번에 우리가 알지 못하는 것을 정의하는 대신 단계적으로 우리가 알고 싶어하는 것을 검토한다. 갓 태어난 어린아이를 택해서 한 걸음 한 걸음씩 그 아이의 오성의 진보를 따라가며 짐승과 같은 점이 무엇이고, 짐승을 넘어서는 점은 무엇인가를 살폈다. 그는 특히 자기 자신의 증언, 자신의 사고의 의식에 귀기울였다.[83]

"우리 영혼이 우리 육체가 조직되기 전부터 존재하는 것인지, 아니면 그 이후에 존재하는 것인지, 그 점에 대해 나보다 더 많이 알고 있는 사람들과 논의하도록 하겠다. 그러나 밝혀둘 것은 나 역시 언제나 사유 상태에 있지는 않은 이 서투른 영혼들 가운데 하나를 어쩌다 갖게 되었다는 것이다. 육체가 언제나 운동 상태에 있어야 하는 것 이상으로 영혼이 언제나 사유 상태에 있어야 한다는 것을 생각 못한 바로 그 불행에서 나도 예외는 아니다."[84]

나로서도 이 점에서 로크처럼 어리석다는 것이 자랑스럽다. 누가 뭐래도 내가 언제나 사유한다고 믿을 수는 없을 것이다. 잉태된 지 수 주일 되었을 때 내가 아주 박식한 영혼이었으며, 태어나면서 잊어버리고 만 수많은 일들을 그 당시는 알고 있었는데, 내게 필요하게 되자마자 달아나 버린 지식들을 자궁 속에서는 쓸모없이 잔뜩 갖고 있었다는 것과, 그후로 그 지식들을 결코 되찾을 수 없게 되었다는 사실을 나 역시 로크처럼 잘 상상할 수 없다.

로크는 선험적 관념을 없애고, 인간이 언제나 사유한다고 믿는 허세를 포기한 후에 우리의 모든 관념이 우리의 감각을 통해 왔다는 가설을 세웠다. 그리고 우리의 간단한 사고와 복합적인 사고들을 검토하고, 인간의 정신을 정신의 모든 작용 안에서 추적하고, 인간이 말하는 언어들이 얼마나 불완전하며 매순간 우리가 얼마나 표현을 남용하고 있는가를 알게 해주었다.

마침내 그는 인간 인식의 범위, 아니 차라리 인간 인식의 허무를 고찰하기에 이른다. "우리는 순수하게 물질적인 존재가 사유하는지 아닌지를 결코 알 수 없을 것이다"[85]라고 바로 그 점에 대해 겸허하게 진술하고 있다.

이 지혜로운 진술은 여러 신학자에게는 영혼이 물질적이고 불멸이 아니라는 선언으로 여겨져 논란을 낳았다.

독실한 영국인 몇 사람은 나름대로 경종을 울렸다. 군대에서 비겁자들이 그러하듯이 미신을 믿는 사람들은 사회에서 갑작스러운 공포심을 갖기도 하고, 공포심을 야기하기도 한다. 그들은 로크가 종교를 전복시키려 한다고 외쳤다. 그러나 이 문제에 있어서 종교는 전혀 문제되는 것이 아니었다. 이것은 순수한 철학적 문제였고, 신앙과 계시와는 별개였다. "물질이 사고할 수 있다"고 말하는 것에 모순이 있는지 여부와 신이 물질과 생각을 소통할 수 있는지의 여부를 평범하게 검토하기만 하면 되었다. 그러나 신학자들은 늘 누가 그들의 견해와 같지 않으면 신이 모욕당했다는 말부터 한다. 이것은 데프레오[86]가 그들을 비웃었으므로 왕을 헐뜯은 것이라고 외치는 못된 시인들과 너무나 닮았다.

스틸링플릿 박사는 로크에 대해 단호하고 모욕적인 언사를 쓰지 않았다고 해서 온건한 신학자라는 평판을 얻고 있다. 그가 로크와 반대 입장에서 토론을 벌였는데 그는 박사로서, 로크는 인간 정신의 강점과 약점을 배운 철학자로서 논리를 펼쳤다. 로크는 그 장점을 잘 알고 있는 무기를 갖고 싸웠으므로 박사가 패배했다.

내가 감히 로크를 본받아 너무나 미묘한 그 주제에 대해 말한다면 이렇게 말하겠다. 오랫동안 인간은 본성과 영혼의 불멸에 대해서 논의해 왔지만, 영혼의 불멸에 관해서는 그것을 증명하기가 불가능하다. 사람들은 아직도 본성에 대해 논의하고 있고, 창조된 존재가 불멸인지 필멸인지를 결정하기 위해서는 그 존재를 확실하게 속속들이 알아야 하기 때문이다. 인간 이성이 종교가 우리에게 계시하지 않을 수 없었던 영혼의 불멸을 스스로 증명하기는 불가능하다. 모든 인간에게 공통된 선은 인간으로 하여금 영혼이 불멸이라고 믿을 것을 요구하며, 신앙은 우리에게 그것을 명령한다. 영혼의 본성은 좀 다르다. 영혼이 덕성스럽기만 하다면 영혼의 실체가 무엇인지는 종교와 별 상관이 없다. 사람들이 우리에게 관리하라고 준 것은 시계인데, 기술자는 이 시계의 태엽이 무엇으로 구성되었는지를 우리에게 알려주지 않았던 것이다.

나는 육체이며, 나는 사고한다. 나는 그 이상은 알지 못한다. 내가 알고 있는 유일한 부차적 원인에 쉽사리 결부시킬 수 있는데도 알 수 없는 원인을 찾아 더 멀리 나아가야 할까? 여기서 이 학파의 모든 철학자들이 주장을 펼치며 내 말을 가로막으며 말한다. "육체에는 면적과 견고함만이 있다. 육체는 운동과 형체만을 가질 수 있다. 그런데 운동과 형체, 면적과 견고함은 사고를 형성하지 못한다. 그러므로 영혼은 물질일 수 없다." 숱하게 되풀이된 이런 훌륭한 추론의 전체를 요약하면 이렇다. "나는 물질을 전혀 알지 못한다. 나는 물질의 몇 가지 고유한 특성을 불완전하게 짐작할 수 있다. 그런데 나는 이런 고유성들이 사고와 연루될 수 있는지 여부는 전혀 알지 못한다. 그러므로 나는 아무것도 모르기 때문에 확실하게 물질은 사고할 수 없다고 확신한다." 자, 이것이 이론의 여지없는 이 학파의 추론 방식인 것이다. 로크는 그 학자들에게 간단하게 말할 것이다. "최소한 여러분들이 나와 마찬가지로 무지하다는 것을 고백하십시오. 여러분의 상상력이나 나의 상상력은 어떻게 육체가 생각을 갖는지 인식할 수 없습니다. 또 어떻게 있는 그대로의 물질이 생각을 갖는지 잘 이해되십니까? 여러분은 물질도 정신도 인식하지 못하고 있습니다. 어떻게 여러분이 감히 무엇인가를 확신하십니까?"

이번에는 미신을 믿는 자가 와서 인간이 육체의 도움만으로 생각할 수 있을 거라 여기는 사람들을 그들 영혼의 행복을 위해 화형시켜야 한다고 이야기한다. 그러나 반종교적인 죄를 짓는 것은 바로 당신들이라고 한다면 그들은 무어라 말할 것인가? 사실 터무니없는 불경심이 없다면 창조주가 물질에 사고와 감정을 부여하는 것이 불가능하다고 누가 감히 확신할 수 있을까? 바라건대, 창조주의 권능을 그렇게 한정짓다니 당신이 얼마나 궁지에 몰렸는지 살펴보기 바란다. 짐승들은 우리와 같은 기관, 같은 감정, 같은 지각을 갖고 있으며, 기억을 갖고 있고, 몇 가지 생각들을 배합할 수 있다. 만약 신이 물질에 생명을 부여하고 감정을 부여할 수 없다면, 짐승이 순수한 기계로 이루어져 있거나 정신적인 영혼만 지니고 있거나 둘 중 하나여야 한다.

내 생각에는 짐승이 단순한 기계일 수 없다는 것은 거의 증명되었다. 내가 말할 수 있는 증거는 이런 것이다. 신이 짐승에게 정확하게 우리와 똑같은 감정 기관을 만들어 주었는데, 짐승들이 전혀 느끼지 못한다면 신은 쓸데없는 작품을 만든 셈이다. 그런데 바로 당신들이 고백하듯이 신은 헛된 일을 하지 않는다. 그러므로 그렇게 많은 감정 기관들을 감정이 없도록 만들지는 않았다. 그러므로 짐승은 순수한 기계가 아닌 것이다.

당신들의 말대로라면, 짐승들은 정신적인 영혼을 지닐 수 없다. 그러므로 신은 물질인 짐승들의 기관에 당신들이 짐승 안의 본능이라고 부르는 감각 능력과 지각 능력을 부여한 것이라고 말할 수밖에 없다.

느끼고 인지하고 사유하는 이 재능, 우리가 인간 이성이라고 부르는 이 재능을 신께서 더욱 정밀한 우리의 어느 기관에 전해 주지 못하도록 그 누가 막을 수 있겠는가? 당신이 어느쪽을 향하든지 간에 당신의 무지와 창조주의 무한한 권능을 고백하지 않을 수 없을 것이다. 그러므로 로크의 지혜롭고 겸손한 철학에 더 이상 반기를 들지 마시라. 종교에 반하기는커녕 로크의 철학은 종교가 철학을 필요로 한다는 증거로 사용될 수 있을 것이다. 그의 철학은 명료하게 이해한 것만을 확실하게 말하며, 자신의 약점을 인정하면서 근본 원리들을 검토할 때는 즉시 신에게 도움을 청하라고 당신에게 말하고 있으니, 그의 철학보다 더 종교적인 철학이 어디 있을 것인가?

더구나 어떤 철학적 감정이 한 나라의 종교에 해가 될 수 있다고 해서 결코 두려워해서는 안 된다. 우리의 신비가 우리의 증명과 반대된다고 하더라도 이성의 대상과 신앙의 대상은 성질이 다르다는 것을 알고 있는 기독교 철학자들에게 존경 덜 받을 일도 아니다. 철학자들은 결코 교파를 이루지 못한다. 왜 그럴까? 그들은 민중을 위해서 쓰지 않으며, 열광 없이도 존재하기 때문이다.

인류를 스무 개의 부류로 나누어 보라. 열아홉 개 부류는 자기 손으로 일하며, 이 세상에 로크라는 사람이 있는 줄도 모르는 사람들이다. 나머지 한 부류 안에서도 책을 읽는 사람이 몇 명이나 되겠는가! 책을 읽는 사람 가운데서도 소설을 읽는 사람이 스물이면 철학을 공부하는 사람은 한 명이다. 사유하는 사람들의 수는 극히 적고, 그들은 세상을 어지럽힐 생각이 없다.

몽테뉴도 로크도 베일도 스피노자도 홉스도 샤프츠베리 경도 콜린스도 톨란드도 자신의 조국에 불화의 불씨를 가져오지 않았다.

그런 경우는 대부분 처음에는 교파의 우두머리가 되려는 야심을 가졌다가, 곧이어 정당의 우두머리가 되려는 야심을 갖게 되었던 신학자들이다. 아니다, 그게 아니다! 근대 철학자들의 모든 책을 함께 묶어 놓는다 해도 옛날에 프란체스코 수도회가 그들의 소매와 두건의 모양을 두고 벌였던 논쟁만큼도 이 세상에 소란을 일으키지는 못할 것이다.[87]

데카르트와 뉴턴에 관하여

런던에 도착한 프랑스인은 다른 것들과 마찬가지로 철학도 많이
변했다는 것을 알게 된다. 그는 세상이 가득 차 있다는 생각을 버
리고 세상이 비어 있다고 생각한다. 파리에서는 우주가 섬세한 물
질의 소용돌이로 이루어져 있다고 보는데, 런던에서는 전혀 그렇지
않다. 프랑스에서는 달이 바다를 밀어내서 밀물이 일어나는데,[88] 영
국에서는 바다가 달을 향해 끌려온다.[89] 그러니까 달이 밀물을 일으
킨다고 우리가 생각할 때, 영국에서는 달이 썰물을 일으킨다고 생
각한다. 불행히도 이는 검증할 수 없다. 왜냐하면 이것을 밝히려면
창조의 첫 순간에 달과 조수를 살펴봐야 하기 때문이다.

또 하나 주목할 것은, 프랑스에서는 태양이 이 문제와 전혀 관계
가 없는데 영국에서는 태양이 약 4분의 1 정도 영향을 끼친다고 본
다. 우리 데카르트의 후예자들은 우리가 이해하지 못하는 어떤 추
진력에 의해 모든 것이 이루어진다고 보는데 반해, 뉴턴의 나라에
서는 우리가 원인을 알지 못하는 어떤 인력에 의한 것이라고 간주
한다. 파리에서는 지구가 멜론같이 생겼다고 상상하는데, 런던에서

는 양 측면이 있는 평평한 것으로 상상한다. 데카르트의 후예에게 빛은 대기 안에 존재하지만, 뉴턴의 후예에게 빛은 6분 30초 만에 태양으로부터 오는 것이다. 프랑스에서 화학은 산과 알칼리, 미세 물질을 갖고 모든 실험을 하는데 영국에서는 인력이 화학까지 지배하고 있다.

사물의 본질까지 완전히 바뀌어서 영혼의 정의에 대해서도, 물질의 정의에 대해서도 견해가 일치하지 않는다. 데카르트는 영혼이 사고와 동일하다고 확신하는데, 로크는 그 반대임을 웬만큼 증명하고 있다.

데카르트는 면적만이 물질을 이룬다고 믿는데, 뉴턴은 거기에 견고성을 덧붙인다. 참으로 극단적인 대립이다.

"당신들 사이의 큰 논쟁에 종지부를 찍는 것은 우리 몫이 아니다(Non nostrum inter vos tantas componere lites)." [90]

데카르트 체계의 파괴자인 유명한 뉴턴이 1727년 3월에 죽었다. 그는 자기 나라 국민들로부터 존경을 받고 살았으며, 신하들에게 공덕을 베푼 왕처럼 장례가 치러졌다.

영국에서는 퐁트넬이 과학아카데미에서 뉴턴에게 바친 '찬사'를 열심히 읽고 영어로 번역했다. 그들은 영국 철학자의 우월함에 대한 장엄한 선언인 양 퐁트넬의 평가를 기다려 왔는데, 그가 데카르트와 뉴턴을 비교하는 것을 보고 런던의 왕립학회는 발칵 뒤집혔다. 그들은 평가에 동의하기는커녕 이 연설을 비난했다. 여러 사람이(그들은 대부분 철학자는 아니었다) 단지 데카르트가 프랑스인이라는 이유로 이 비교에 충격을 받았다.

솔직히 이 위대한 두 사람은 그들의 행동·운명·철학에 있어서 서로 많이 달랐음을 인정해야 한다.

데카르트는 활발하고 강렬한 상상력을 갖고 태어났으며, 그로 인해 추론 방식에서와 마찬가지로 사생활에서도 독특한 인물이 되었다. 이 상상력은 철학 작품에서도 숨김없이 드러나 사람들은 매순간 기발하고 빛나는 비유를 그 안에서 보게 된다. 그는 천성적으로 거의 시인이어서 실제로 스웨덴 여왕을 위해 심심파적 시를 썼지만, 그의 논문집의 명예를 위해 출판하지는 않았다.

그는 잠시 전쟁에 나가기도 했으며,[91] 이후 완전히 철학자가 되었지만 자신이 연애할 자격이 없다고는 생각하지 않았다. 그는 프랑신이라는 이름의 소녀를 애인으로 삼았는데,[92] 그녀가 젊어서 죽자 그녀의 죽음을 몹시 슬퍼했다. 이렇듯 그는 인간성에 속하는 모든 것을 맛보았다.

그는 자유롭게 철학하기 위해서는 사람들을, 특히 고국을 피해 있어야 한다고 오랫동안 생각했다. 그가 옳았다. 당시 사람들은 그를 확실히 이해할 만큼 아는 것이 충분치 않았고, 그를 해칠 수 있을 뿐이었다.

그 당시 프랑스에서 진리는 보잘것없는 대학철학의 박해를 받고 있었는데, 그는 진리를 추구했으므로 프랑스를 떠났다. 진리였던 그의 철학 명제들이 프랑스에서 단죄되던[93] 무렵에 네덜란드의 철학자라는 사람들에게도 박해를 받았으니 은둔했던 네덜란드의 대학에서 더 많은 이성을 발견하지는 못한 셈이다. 네덜란드의 철학자들은 누구보다도 그를 이해하지 못했으며, 보다 가까이서 그의 영광을 지켜보면서 인격적으로 그를 더욱 증오했다. 데카르트는 유트레히트대학을 떠나지 않을 수 없었고, 중상모략의 최후 근거인 무신론자라는 비난을 받았다. 신의 존재에 대한 새로운 증거를 찾기 위해 정신의 통찰력을 다 바쳤던 그가 신을 알지 못한다는 의심을 받았던 것이다.

많은 박해는 매우 위대한 가치와 빛나는 평판이 있기에 가해지는 것인데, 그는 두 가지를 다 갖추었던 것이다. 일말의 이성이 대학의 몽매함과 미신을 믿는 대중의 편견을 뚫고 이 세상에 나타났다. 마침내 그의 이름이 사람들 입에 회자되었으므로 프랑스에서는 보수를 주고 그를 데려오려 하였고, 1천 에퀴의 연금을 제안했다. 그는 희망을 품고 왔으나 당시에는 돈을 주고 사야 하는 면허장의 값을 지불하자 연금은 하나도 남지 않았다. 그는 북네덜란드의 고독 속으로 돌아와 철학 연구에 몰두했다. 위대한 갈릴레이가 80세의 나이에 지구의 운동을 증명했다는 이유로 종교재판소의 감옥에서 신음하고 있던 때였다.[94]

마침내 그는 스톡홀름에서 그에게 적대적인 몇 사람의 학자들 틈에서, 그를 미워하는 어떤 의사의 손에 맡겨진 채 나쁜 제도가 빚어낸 때이른 죽음에 이르렀다.

기사인 뉴턴의 생애는 아주 달랐다. 그는 85년 동안 매우 평온하고 행복하게 자기 조국에서 명예롭게 살았다.

그의 크나큰 행복은 자유로운 나라에서 태어났다는 것뿐만 아니라 스콜라학파의 어리석음이 추방되고 이성만이 연마되던 시대에 태어났다는 것이다. 세상은 그의 적이 아니라 그의 제자가 되었다.

데카르트와 매우 다른 점은 그토록 오랜 생애 동안 그는 정념도 나약함도 경험하지 않았다는 것이다. 그는 한번도 여자를 가까이 한 적이 없었는데, 이것은 그의 임종을 지킨 의사들로부터 내가 확인한 사실이다. 그 점에 대해 뉴턴에게 감탄할 수 있지만, 그렇다고 해서 데카르트를 비난해서는 안 된다.

영국에서 이 두 철학자에 대한 대중들의 생각은 데카르트는 몽상가이고, 뉴턴은 현자라는 것이다.

런던에서는 데카르트를 읽는 사람이 아주 드물고, 그의 작품은 실제로 쓸모없는 것이 되어 버렸다. 마찬가지로 뉴턴을 읽는 사람도 아주 희귀한데, 그를 이해하기 위해서는 아주 박식해야 하기 때문이다. 그런데도 모든 사람들이 이 두 사람에 대해 이야기한다. 프랑스인 데카르트에게는 전혀 동의하지 않고, 영국인 뉴턴에게는 모든 것을 인정한다. 어떤 사람들은 우리가 허공에 대한 공포를 더 이상 느끼지 않게 되고, 공기에 무게가 있다는 것을 알게 되고, 망원경을 사용하게 된 것도 다 뉴턴의 덕이라고 생각한다. 무식한 사람들이 다른 모든 영웅들의 무용담을 우화에 나오는 헤라클레스의 것으로 여기듯이 영국에서는 뉴턴이 바로 헤라클레스이다.

퐁트넬의 연설에 대해 런던에서 가하는 비난에는 데카르트가 훌륭한 기하학자가 아니라는 말까지 나오고 있는데, 이렇게 말하는 사람들은 자신들의 유모를 때리고 있다는 비난을 받을 수 있다. 데카르트는 기하학을 발견하여 큰길을 닦아 놓았고, 뉴턴이 그뒤를 이어 기하학을 발전시켰다. 데카르트는 곡선들의 대수방정식을 푸는 방식을 처음으로 발견한 사람이다. 기하학은 데카르트 덕에 오늘날 모두의 것이 되었지만, 그의 시대에는 너무 심오한 것이어서 어떤 교수도 감히 그것을 설명하려 들지 않았으며, 네덜란드에서는 슈텐 교수, 프랑스에서는 페르마 교수만이 그것을 이해했다.

데카르트는 이러한 기하학과 발명의 정신을 굴절광학에 도입하였으며, 굴절광학은 그에 의해서 완전히 새로운 학문이 되었다. 그가 몇 가지 잘못 생각한 것이 있기는 하지만, 새로운 영토를 발견한 사람이 한꺼번에 그 영토의 모든 특징을 알 순 없는 법이다. 그보다 뒤에 와서 영토를 비옥하게 만든 사람들은 적어도 그 영토를 발견해 준 빚을 그에게 지고 있다. 나는 데카르트의 다른 모든 작품들이 오류가 많다는 것을 부인하는 것은 아니다.

기하학은 데카르트 자신이 어떤 식으로든 형성해 놓은 길잡이 학문이었고, 물리학에서 그를 확실하게 인도해 주었을 길잡이였으나 결국 그는 이것을 버리고 체계의 정신에 자신을 맡겼다. 이제 그의 철학은 독창적인 소설이 되어 버렸고, 그것도 기껏해야 무식한 사람들에게만 그럴듯한 소설이 되어 버렸다. 그는 영혼의 본성, 신의 존재에 대한 증명, 물질, 운동의 법칙, 빛의 성질에 대해 잘못 생각했다. 그는 선험적 관념을 인정했고, 새로운 요소들을 발명해 냈으며, 하나의 세계를 창조했고, 인간을 자기 방식으로 만들어 버렸다. 데카르트의 인간은 실제로는 데카르트라는 인간일 따름이며, 진정한 인간과는 거리가 멀다는 말은 옳은 말이다.

그는 둘 더하기 둘이 넷인 것이 신이 그렇게 원했기 때문이라고 주장할 정도까지 자신의 형이상학적 오류를 밀고 나갔다. 그러나 오류 안에서조차 데카르트는 존경할 만하다 해도 지나친 말은 아니다. 그는 오류를 범했지만 적어도 방법론을 갖고 있었고, 논리적 정신을 지니고 있었다. 그는 2천 년 동안 젊은이들을 심취시킨 비논리적인 환상을 파괴했다. 그는 당시의 인간들에게 추론하는 것을 가르쳤고, 그가 가져다 준 무기를 바로 그에게 반대하는 데 사용하도록 가르쳤다. 비록 그가 제 값을 받지 못했다 해도 거짓을 파괴했다는 것은 대단한 평가를 받을 만하다.

나는 사실 누구도 감히 그의 철학을 뉴턴의 철학과 비교할 수 있다고 생각하지 않는다. 데카르트의 철학은 시도이고, 뉴턴의 철학은 완성품이다. 그러나 진리에 이르는 길로 우리를 데려간 사람은 그후 그 길의 끝에 이르렀던 사람과 똑같은 가치를 지닌다.

데카르트가 장님들의 눈을 뜨게 해주어 장님들은 고대와 자기 시대의 잘못을 보게 되었다. 그가 열어 놓았던 길은 그 이후에 무한히 넓어졌다. 로오가 쓴 작은 책[95]은 얼마 동안 완벽한 물리학 구실을 했다. 오늘날 유럽 아카데미의 모든 논문집들은 체계의 시작조차 이루지 못하고 있는데, 이 심연을 깊게 함으로써 무한(無限)이 발견되었다. 이제는 뉴턴이 이 심연 속에 파놓은 것이 무엇인지를 보는 일이 남아 있다.

인력의 체계에 관하여

기사 뉴턴에게 세계적인 명성을 가져다 준 발견들은 세계의 체계, 빛, 기하학에서의 무한, 그리고 마지막으로 그가 기분 전환삼아 흥미를 가졌던 연대기에 관한 것이다.

이러한 모든 숭고한 관념들 중에서 내가 파악할 수 있었던 얼마 안 되는 것을 여러분에게 말하려고 한다. (내가 수다스러워지지 않을 수 있다면 말이다.)

우리가 사는 세계의 체계에 있어서 모든 행성들을 궤도 속에서 돌게 하고 유지시키는 원인과, 지구의 표면을 향해 모든 물체들을 떨어지게 하는 원인이 오랫동안 논의되어 왔다.

데카르트의 체계[96]는 데카르트 이후에 설명되고 많이 바뀌었지만, 이러한 현상에 대해 그럴듯한 이유를 밝혀주는 듯하다. 그리고 그런 그럴듯한 이유란 사실이면 사실일수록 모든 사람이 이해하기 쉽고 단순하다는 것이다. 그러나 철학에서는 사람들이 이해하지 못하는 것 못지않게 너무 쉽게 이해했다고 믿는 것도 조심해야 한다.

물체의 무게, 물체가 땅으로 떨어질 때의 가속화된 낙하 속도, 궤도 속에서의 행성의 운행, 축을 중심으로 한 행성의 자리바꿈, 이 모든 것은 운동일 뿐이다. 그런데 운동은 추진력에 의해서만 이해될 수 있는데, 모든 물체가 움직였다. 그러면 무엇에 의해 움직였을까? 공간 전체는 충만한데, 우리가 알아볼 수 없는 것을 보면 공간은 매우 미세한 물질로 채워져 있다. 그런데 이 물질은 서쪽에서 동쪽으로 움직인다. 모든 행성들이 끌려가는 것이 서쪽에서 동쪽이기 때문이다. 이런 식으로 가정이 가정을 낳고 그럴듯함이 그럴듯함을 낳으면서 데카르트는 미세한 물질의 광활한 소용돌이를 상상했고, 그 소용돌이 안에서 행성들이 태양의 둘레를 이동한다고 상정했다. 또 그는 더 큰 소용돌이 안에서 유영하며, 매일 행성의 둘레를 도는 특수한 다른 소용돌이를 생각해 냈다. 이 모든 가정이 이루어질 때 무게란 매일매일의 이런 운동에 달려 있다. 왜냐하면 우리의 작은 소용돌이 둘레를 돌고 있는 미세 물질은 지구보다 열일곱 배나 빨리 움직여야 하기 때문이다. 그런데 미세 물질이 지구보다 열일곱 배 빨리 움직인다면 중심의 힘보다 비교할 수 없을 만큼 강한 힘을 가져야 하고, 그 결과 모든 물체는 땅을 향해 떨어져야 한다. 데카르트의 체계 안에서 무게의 원인이란 이런 것이다.[97]

그러나 중심의 힘과 미세 물질의 속도를 계산하기 전에 그런 미세 물질이 존재한다는 것을 확인해야 하고, 미세 물질이 존재한다고 해도 미세 물질이 무게의 원인이 아니라는 것을 증명해야만 한다.

뉴턴은 크고 작은 모든 소용돌이와 태양 둘레의 행성들을 끌고 가는 소용돌이, 그리고 각각의 행성을 스스로 돌게 하는 소용돌이를 근거도 없이 없애 버린 것 같다.

첫째, 이른바 지구의 작은 소용돌이에 관해서 그것이 조금씩 자신의 운동을 잃어가고 있다는 것이 증명되었다. 만일 지구가 유동체 안에서 유영하는 것이라면 이 유동체는 지구와 밀도가 같아야 한다. 그리고 이 유동체가 같은 밀도로 되어 있다면 우리가 움직이는 모든 물체는 극도의 압력을 받아야 한다. 다시 말해 1파운드의 무게를 들어올리려면 지구 길이만한 지렛대가 필요할 것이다.

둘째, 큰 소용돌이에 관해서는 훨씬 공상적이다. 진리임이 증명된 케플러의 법칙과 맞아떨어지기란 불가능하다. 뉴턴은 목성이 유동체 안에서 움직인다고 가정하고, 그러한 목성의 유동체 운행은 목성의 운행이 지구의 운행과 함께하듯 지구의 유동체 운행과 함께하지는 않는다는 것을 알게 해주었다.

뉴턴은 모든 행성들이 타원으로 궤도를 그리며 원일점 속에서는 서로 가장 멀어지고, 근일점 속에서는 서로 가장 가까워진다는 것을 증명했다. 예를 들어 지구는 금성과 화성에 더 가까워질수록 더 빨라질 것이다. 지구를 움직이게 하는 유동체가 그때 더 압력을 받으므로 운동을 더 많이 하게 된다는 것이다. 그렇지만 지구의 운동이 더 느려지는 것도 바로 이때이다.

뉴턴은 혜성들이 어느 때는 동쪽에서 서쪽으로, 어느 때는 작은곰자리에서 남쪽으로 가로질러 가는 것으로 보아 서쪽에서 동쪽으로 운행하는 천체는 없다는 것도 증명했다.

모든 어려운 점을 가능한 더 잘 해결하기 위하여, 그는 마침내 충만이란 불가능하다는 것을 증명하거나, 심지어 실험까지 동원해서 최소한 조금 더 개연성 있게 만들었고, 그리하여 아리스토텔레스와 데카르트가 이 세상에서 추방해 버린 그 허공으로 우리를 다시 데려갔다.

이러한 모든 이유와 또 다른 많은 이유로 데카르트의 소용돌이론을 뒤집으면서, 그는 언젠가 모든 천체의 운동을 야기하면서 동시에 지구 위에서 무게를 갖게 하는 자연의 중요한 비밀을 알아내기 위해 노심초사했다. 1666년,[98] 케임브리지 근처에 있는 시골에 은둔해 있던 어느 날, 그는 정원을 산책하다가 나무에서 열매가 떨어지는 것을 보았다. 그는 모든 철학자들이 그토록 오랫동안 그 원인을 찾았으나 찾지 못했고, 일반인들은 그 신비 자체를 의심하지 못했던 무게에 대해서 깊은 생각에 빠져들었다. 그는 혼자 생각했다. "이 물체들이 지구의 어떤 높이에서 떨어졌는데 틀림없이 그 추락은 갈릴레이가 발견한 지속적 증가에 속하는 것 같다. 그리고 그 물체가 통과한 공간은 시간을 제곱한 값 같은 것일 터이다. 무거운 물체를 떨어지게 하는 힘은 지구 속 어떤 깊은 곳이나, 가장 높은 산 위에서나 어떤 감소 없이 동일한 값이다. 어째서 이 힘은 달에까지 이르지 않는 것일까? 이 힘이 달에까지 미치는 것이 사실이라면, 이 힘이 달의 궤도 속에서 달을 붙잡고 있고 달의 운동을 규정하는 것은 아닐까? 그러나 만일 달이 이 원칙을 따른다면, 그 원칙이 어떻든간에 다른 천체들도 똑같이 거기 따른다고 생각하는 것이 이치에 맞지 않겠는가?

이러한 힘이 존재한다면(이것은 다른 데서 증명되었다), 반대의 경우 같은 이유로 거리의 제곱은 증가할 것이다. 그러므로 무거운 물체가 그리 높지 않은 곳에서 땅 위로 떨어지면서 그리는 궤적과 같은 시간 동안 달의 궤도에서 떨어지는 물체가 그리는 궤적을 조사하기만 하면 될 것이다. 그것을 알기 위해서는 지구의 크기와 달과 지구 사이의 거리를 알기만 하면 될 것이다."

이것이 바로 뉴턴이 추론한 것이다. 그러나 당시에 영국에서는 1 도를 70,000으로 계산했어야 하는데 60,000으로 계산한 부정확한 조작자의 계산에 의거하여 지구의 크기에 대해 매우 잘못 알고 있었다. 이 잘못된 계산의 결과가 뉴턴이 원하던 결론과 일치하지 않았으므로 그는 그 생각을 포기했다.[99] 시시하고 허영심만 가득 찬 철학자였다면 지구의 크기를 자기 생각대로 끼워맞추었을지 모른다. 그러나 그때 뉴턴은 자신의 계획을 포기하는 쪽을 택했다. 그러나 피카르가 프랑스의 영광을 드높이며 자오선을 측정하여 지구의 크기를 정확하게 계산하게 되자 뉴턴은 자신의 처음 생각을 다시 연구했고, 피카르의 계산을 가지고 자신의 답을 찾아냈다. 원둘레의 4분의 1과 일정 부분 대수학의 도움을 받아 이토록 값진 진리를 발견했다는 것을 나는 언제나 경탄스러운 일로 생각한다.

지구의 둘레는 파리를 기점으로 하여 123,249,600피트이다. 이 숫자로부터 모든 인력 체계가 뒤따라 나온다.

우리는 지구의 둘레를 알고 있고, 달의 궤도의 둘레와 이 궤도의 지름도 알고 있다. 이 궤도 안에서 달의 운행은 27일 7시간 43분을 주기로 이루어진다. 그러므로 달은 평균적인 운동으로 볼 때 파리를 기점으로 1분에 187,960피트[100]를 움직이는 것이다. 그리고 입증된 정리를 따라 계산하면 달의 높이에서 물체를 떨어지게 하는 원심력은 파리에서 최초의 1분 동안 15피트 높이에서 떨어지게 한 힘과 동일하다.[101]

물체의 무게를 갖게 하는 법칙이 똑같이 반대로 적용되어 거리의 제곱으로 서로 잡아당기고 인력을 갖게 되는 것이 진리라고 가정하자. 그리고 모든 자연 현상 안에서 이 법칙을 따라 움직이는 것이

같은 힘이라고 생각한다면, 지구는 달로부터 반지름의 60배만큼 멀리 떨어져 있으므로 무거운 물체는 최초의 1초 동안 땅 위로 15피트를 떨어지게 되고, 최초의 1분 동안 54,000피트 떨어지게 된다.

그런데 실제로 무거운 물체는 최초의 1초 동안 15피트 떨어지고, 최초의 1분 동안 54,000피트 떨어져 내려온다. 이 숫자는 60의 제곱에 15를 곱한 것이므로 물체의 무게는 거리의 제곱에 반비례한다. 그러므로 똑같은 힘이 지구 위에서의 무게가 되며, 달은 궤도를 유지하게 하는 것이다.

그러므로 달이 달 운동의 중심인 지구에 대해 무게를 갖는다는 것이 증명되었으므로 지구와 달의 공전의 중심인 태양에 대해 지구와 달이 무게를 갖는다는 것이 증명된 것이다.[102]

다른 행성들도 이 일반적인 법칙에 따른다. 만일 이러한 법칙이 존재한다면 이 행성들은 케플러가 발견한 법칙을 따르게 된다. 이 모든 법칙들과 이 모든 관계들이 실제로 행성들에 의해 정확하게 지켜지고 있다. 그러므로 중력은 태양을 향해서, 마찬가지로 우리의 지구를 향해서 모든 행성이 무게를 지니게 한다. 결국 모든 물체의 반작용은 작용에 비례하므로 지구가 달에 대해 무게를 갖고 태양이 지구와 달에 대하여 무게를 가지고, 토성의 위성들은 저마다 네 개의 위성에 대한 무게를 갖게 되며, 네 개의 위성은 하나의 위성에 대해 무게를 갖는다. 다섯 개 모두가 토성에 대해 무게를 갖고, 토성은 다섯 개 모두에게 무게를 가지며, 목성의 경우도 역시 마찬가지다. 이 천체 모두가 태양에 의해 이끌리며, 서로에 대해 무게를 갖는다.

이러한 중력의 힘은 물체를 가두고 있는 물질에 따라 움직이는데 이것이 뉴턴이 실험을 통해 증명한 진리이다. 이 새로운 발견은 모든 행성의 중심인 태양이 모든 행성들을 행성의 거리와 결합된 행성의 질량에 정비례하여 끌어당기고 있음을 알게 한다. 이로써 인간 정신이 이루어냈다고 보기 어려울 정도의 지식으로까지 발전해 가면서 그는 감히 태양이 포함하고 있는 물질의 양과, 각각의 행성 안에 있는 물질이 얼마나 되는지를 계산하기에 이른다. 이렇게 해서 천체들 하나하나가 기계적인 단순한 법칙에 의해 반드시 자기 자리에 있어야 함을 논증하였다. 중력의 법칙이라는 단 하나의 원리가 천체의 운행에서 외견상의 모든 차이를 설명해 주었다. 달의 변모는 이 법칙의 필연적인 부산물이 되었다. 특히 달의 교점이 19년을 주기로 나타나고, 지구의 교점은 우주 안에서 약 26,000년 만에 나타나는 것도 정확하게 알게 되었다. 바다의 밀물과 썰물은 이런 인력의 매우 단순한 효과이다. 보름달일 때와 초승달일 때 달이 가까워지는 것과, 상현달과 하현달일 때 달이 멀어지는 것이 태양의 작용과 결합하여 바닷물이 올라오고 낮아지는 이해할 만한 이유가 되어 주는 것이다.

탁월한 이론으로 행성의 운행과 불규칙성을 이해한 다음 그는 같은 법칙을 혜성에도 적용하였다. 그토록 오랫동안 베일에 싸여서 세상의 공포가 되어 왔으며, 아리스토텔레스에 의해 달 아래 자리 잡고 데카르트에 의해 토성 위로 다시 보내졌던, 철학의 암초와도 같았던 이 혜성의 불꽃은 마침내 뉴턴에 의해 제자리를 찾게 된 것이다.

그는 혜성이 고체이며 태양권 안에서 움직인다는 것과, 어떤 혜성들은 매우 편심적이고 포물선에 가까운 타원을 그리며 500년 이상을 운행한다는 것을 증명했다.

할리 씨는 1680년의 혜성이 줄리어스 시저 시대에 나타났던 혜성과 동일한 것이라고 믿었다. 특히 1680년의 혜성은 혜성이 단단하고 불투명한 물체라는 것을 보여주는 데 더 많이 이용되고 있다. 왜냐하면 이 혜성은 태양으로부터 너무 가까이 내려와서 태양의 가시 표면에서 6분의 1밖에 떨어져 있지 않았으므로 불에 타고 있는 철보다 2천 배나 더 뜨거운 열을 받을 터인데, 그것이 단단한 물체가 아니라면 삽시간에 녹아 없어졌을 것이기 때문이었다. 당시 혜성의 움직임을 예언하는 것이 유행하기 시작했다. 유명한 수학자 자크 베르눌리는 자신의 논리를 따라 1680년의 이 유명한 혜성이 1719년 5월 17일에 다시 나타날 것이라고 결론 내렸다. 유럽의 어떤 천문학자도 5월 17일에 잠자리에 들지 못했지만, 유명한 혜성은 결코 나타나지 않았다. 575년 만에 그 혜성이 다시 돌아오려면 확실성도 확실성이지만 적어도 보통 기교로는 힘든 일이다. 휘스턴[103]이라는 영국 기하학자는 기하학자면서도 공상적이어서 대홍수 시대에 지구를 물에 잠기게 했던 혜성이 있었다고 진지하게 단언하였다. 사람들이 그를 비웃자 오히려 그는 놀라워했는데, 고대 사회는 거의 휘스턴과 비슷한 생각을 하였으며, 혜성은 언제나 지구상의 어떤 큰 불행의 전조였다. 반대로 뉴턴은 혜성이 복을 많이 가져다주며, 혜성에서 나오는 연기는 태양이 혜성으로부터 분리해 놓은 모든 미립자를 빨아들인 행성들을 활성화시키고 도와 줄 따름이 아닐까 하고 생각하였다. 이런 생각은 적어도 앞의 생각보다 더 그럴듯하다.

이것이 전부가 아니다. 중력, 인력의 이러한 힘이 모든 천체 안에서 작용한다면 그 힘은 틀림없이 지구의 모든 구석구석에서도 작용할 것이다. 왜냐하면 물체가 그 질량에 비례하여 서로 끌어당기는 것이라면 그것은 부분들의 양에만 비례할 것이기 때문이다. 그리고 그 힘이 전체 안에 머물러 있다면 그것은 절반 안에도 머물러 있는 것이다. 4분의 1 안에 있어도, 8분의 1 안에 있어도 마찬가지이며, 무한 안에서도 마찬가지이다. 게다가 그 힘이 각 부분 안에서 똑같지 않다면 다른 쪽보다 더 많은 중력이 작용하는 지구의 어느쪽이 있을 것이다. 그런데 그런 일은 없다. 그러므로 그 힘은 실제로 모든 물질 안에 존재하며, 물질의 가장 미세한 미립자 안에도 자리잡고 있는 것이다.

이렇게 이것이 바로 모든 자연 현상을 움직이게 하는 대도약인 인력이라는 것이다.

뉴턴은 이 원리의 존재를 증명한 후에 사람들이 이 유일한 이름에 반발하리라는 것을 예감하였다. 그의 책을 보면 여러 군데에서 독자들에게 인력 자체에 대해 주의를 주는 대목이 있으며, 고대의 비의적 성질과 혼동하지 말 것, 또 모든 물체 안에는 우주의 한 끝에서 다른 끝까지, 가장 가까운 물체로부터 가장 멀리 있는 물체에까지 작용하는 확고부동하게 기계적인 법칙을 따르는 중심력이 있음을 이해하는 것으로 만족하라고 알려주고 있다.

이 위대한 철학자의 장엄한 확언이 있은 다음에도 위대한 철학자 소리를 들을 만한 소랭과 퐁트넬이, 뉴턴을 아리스토텔레스학파의 공상가라고 명백하게 비난한 것은 놀랄 만한 일이다. 소랭은《1709년의 아카데미 논문집》에서, 퐁트넬은 뉴턴에게 바치는 바로 그 '찬사'에서 그런 이야기를 하였다.

거의 모든 프랑스인들은, 학자 여부를 막론하고 되풀이하여 그렇게 비난했다. 어디서나 이렇게 말하는 것이었다. "왜 뉴턴은 차라리 사람들이 잘 이해하는 추진력이라는 단어를 사용하지 않고, 사람들이 제대로 이해하지 못하는 인력이라는 용어를 사용하는가?"

뉴턴은 이런 비난에 이렇게 대답했을 것이다.

"첫째, 여러분들은 인력이라는 단어보다 추진력이라는 단어를 더 잘 이해하지 못하고 있다. 여러분이 왜 물체가 다른 물체의 중심을 향하는지 이해하지 못한다면, 여러분은 어떤 힘에 의해 한 물체가 다른 물체를 밀어낼 수 있는지도 상상하지 못하는 것이다.

둘째, 나는 추진력을 인정하지 않는다. 왜냐하면 추진력이 있으려면 우주의 물질이 실제로 행성들을 밀어내고 있다는 것을 알 수 있어야 할 텐데 나는 그런 물질을 전혀 알지 못할 뿐만 아니라, 그런 것이 존재하지 않는다는 것을 증명한 바 있다.

셋째, 나는 물질 안에 내재된 성질이며 미지의 원리의 확실하면서도 이론의 여지없는 결과인, 내가 자연에서 발견했던 그 결과를 설명하기 위해서만 인력이라는 단어를 사용하는 것이다. 할 수만 있다면 나보다 더 능숙한 누군가가 그 결과의 원인을 발견해 낼 것이다." [104]

당신은 우리에게 무엇을 가르쳐 주는 것이며, 왜 당신 자신도 이해하지 못하는 것을 우리에게 말하기 위해 그렇게 엄청난 계산을 필요로 하느냐고 사람들은 여전히 고집스레 묻는다.

"(뉴턴은 계속 말할 것이다.) 나는 여러분에게 중심력의 역학이 모든 물체들로 하여금 그 물체의 물질에 따라 무게를 갖게 하며, 이 중심력만이 분명한 비례로 행성들과 혜성들을 움직이게 한다는 것을 알려주는 것이다. 모든 천체의 무게와 운동을 갖게 하는 다른 원인이 있을 수 없다는 것을 여러분에게 증명하는 것이다. 왜냐하면 중심력에 비례해서 땅으로 떨어지는 무거운 물체와 이와 같은 비례에 따라 자신의 운행을 완수하는 행성들은, 만약 모든 물체에 작용하는 다른 힘이 존재한다면 그 힘이 그들의 속도를 증가시키거나 방향을 바꾸게 될 것이다. 그런데 어떤 물체도 결코 중심력의 효과가 아닌 것으로 판명된 운동, 속도, 방향을 갖지 않는다. 그러므로 다른 원리란 있을 수 없다."

잠시 조금만 더 뉴턴이 말하도록 허락하시라. 그는 이렇게 말했을 것이다. "나는 고대인들과는 아주 다른 경우에 속한다. 예를 들면 고대인들은 펌프로 물이 올라오는 것을 보고, 물은 허공이 무서워서 올라온다고 말한다. 그러나 나는 처음으로 물이 펌프로 올라오는 것을 발견하였으나, 그 결과의 원인을 설명하는 수고는 다른 사람에게 맡겨 버리는 사람의 경우에 속한다. 근육이 수축하기 때문에 팔이 움직이는 것이라고 처음으로 말했던 해부학자는 사람들에게 확실한 진리를 가르쳐 준 것이지만 근육이 수축하는 이유를 알지 못했다고 해서 그에게 빚을 덜진 걸까? 공기가 갖는 탄성의 원인은 알려지지 않았지만, 이 탄성을 발견했던 사람은 물리학에 지대한 공을 세운 것이다. 내가 발견했던 탄성은 더 숨어 있었고, 더 만유적인 것이다. 그러므로 사람들은 내게 고마움을 더 느껴야 한다. 나는 물질의 새로운 특징, 창조주의 비밀 가운데 하나를 발견했다. 나는 그것을 계산했고, 그 결과를 증명했다. 내가 붙인 이름에 대해 사람들이 나를 비웃을 수 있는 것인가?"

"사람들이 신비한 성질이라고 부를 수 있는 것은 소용돌이다. 그 존재를 한번도 증명하지 못했기 때문이다. 반대로 인력이란 실재하는 것이다. 그 결과를 증명했고, 비율을 계산했기 때문이다. 이 원인의 원인은 신의 소관이다."

너는 여기까지 왔다, 너는 더 이상 가지 못할 것이다(Procedes huc, et non ibis amplius). [105]

뉴턴의 광학에 관하여

지난 세기 철학자들에 의해 새로운 세계가 발견되었다. 이 새로운 세계는 인식하기 어려우면 어려운 만큼이나 그런 세계의 존재 자체를 사람들은 생각하지 않는다. 좀 더 현명한 현자들에게는 어떤 법칙을 가지고 천체가 움직이는지, 어떻게 빛이 작용하는지 인간이 알아낼 수 있을까 하고 감히 생각하는 자체만으로도 무모해 보였다.

갈릴레오는 그의 천문학 발견에 의해, 케플러는 그의 계산으로, 데카르트는 최소한 그의 굴절광학에서, 그리고 뉴턴은 자신의 모든 저작들에서 세계의 원동력에 대한 역학을 보았다. 인간은 기하학에서 무한을 계산에 넣었다. 동물의 혈액 순환과 식물의 수액 순환은 우리에게 자연에 대한 생각을 바꾸어 주었다. 존재하기에 관한 새로운 방식이 배기펌프 속의 물체에게 주어졌고, 망원경의 도움으로 물체들은 우리 눈앞으로 다가왔다. 마침내 뉴턴이 선사한 그 많은 새로움에 뒤이어 빛에 대한 발견은 인간의 호기심이 가장 대담하게 기다려 온 모든 것을 충족시켜 주었다.

안토니오 데 도미니스[106)가 나타나기까지 무지개는 설명할 수 없는 기적으로 보였는데,[107)] 이 철학자는 무지개가 비와 태양의 필연적 결과임을 알아냈다. 데카르트는 너무 자연스런 이 현상을 수학적으로 설명하여 불후의 명성을 얻었는데, 빗방울 속의 빛의 반사와 굴절을 계산하였던 바, 이 총명함은 당시 인간의 능력을 뛰어넘는 그 어떤 것이었다.

그러나 그가 빛의 성질에 대해 오해했다고 알려주었다면 데카르트는 뭐라고 말했을까? 빛이 공 모양의 물체라고 확신할 아무 근거도 없으며, 온 우주에 퍼져 있는 이 빛이 활성화되기 위해서는 마치 막대기 한쪽 끝을 밀어주면 다른 한쪽 끝이 움직이듯이 오직 태양이 밀어주기만 하면 된다는 것은 틀린 생각이다. 또한 빛이 태양에서 발사되는 것은 맞는 말이지만, 대포가 쏜 탄환이 자신의 속도를 유지한 채로 25년 동안 날아갈 거리만큼 먼 태양에서 지구까지의 길을 빛은 거의 7분 만에 이동하는 것이 사실이라고 데카르트에게 말해 주었다면 그는 무어라 말했을까?

만일 이렇게 말한다면 그의 놀라움은 어떠했을까? "빛이 물체의 단단한 면 위에서 튀어오르면서 직접 반사한다는 주장은 틀렸다. 물체는 커다란 구멍이 있을 때 투명하다는 것도 옳지 않다. 이 모순을 입증해 줄 어떤 사람이 나타날 것이다. 그는 가장 솜씨 좋은 예술가가 인간의 몸을 해부할 때보다 더욱 자세하게 한 줄기 빛의 광선을 해부할 것이다."[108)]

바로 그 사람이 나타난 것이다. 뉴턴은 프리즘의 도움만으로 빛이 여러 빛깔의 광선이 모인 것이며, 그것이 모두 합쳐지면 흰빛이 된다는 것을 증명해 보였고, 빛은 그에 의하여 일곱 빛깔로 나뉘었다. 그 일곱 빛깔은 순서대로 흰 천이나 하얀 종이 위에 자리잡으며, 하나 위에 다른 하나가 일정하지 않은 간격으로 나타난다. 제 1열은 불의 색깔 빨강이며, 2열은 주황, 3열은 노랑, 4열은 초록, 5열은 파랑, 6열은 남색, 7열은 보라색이다. 이어서 다른 1백 개의 프리즘을 통과해도 이 빛 하나하나는 마치 정제된 순금이 용광로 속에서도 변하지 않듯이 결코 자신의 빛깔은 변하지 않을 것이다. 기본적인 광선 하나하나가 우리 눈으로 보는 그런 빛깔을 스스로 가지고 있다는 것을 더욱 증명해 보이려면, 예를 들어 이렇게 해보도록 하자. 노란 나뭇조각을 집어서 빨강 광선에 비춰 보시라. 이 나뭇조각은 순간적으로 빨간빛을 띤다. 초록 광선에 비춰 보면 초록빛을 띤다. 나머지도 이렇게 해보기 바란다.

그렇다면 자연 상태에서 빛깔의 원인은 무엇인가? 그것은 그 물체가 몇번째 광선을 반사하고 나머지 다른 빛은 흡수했는가 하는 문제일 뿐이다. 이 비밀스러운 배열이란 어떤 것인가? 그는 그것이 오직 물체를 구성하고 있는 작은 성분들의 두께라는 것을 증명했다. 그러면 이 반사는 어떻게 일어나는가? 사람들은 반사란 광선이 단단한 물체의 표면 위에서 마치 공처럼 튀어오르는 것이라고 생각했다. 천만의 말씀이다. 뉴턴은 물체가 불투명한 것은 입자간 구멍이 크기 때문일 뿐이며, 빛이 우리 눈앞에서 이 구멍 자체의 내부에서 반사하는 것이라는 것과 물체의 구멍이 작으면 작을수록 물체는 더욱 투명해진다는 것을 놀라워하는 철학자들에게 가르쳐 주었다. 그러므로 종이는 말랐을 때는 빛을 반사하고, 기름에 젖었을 때는 빛을 통과시킨다. 기름이 구멍을 메워서 구멍을 훨씬 작게 만들었기 때문이다.

물체의 다공성을 끝까지 검사해 보고, 다시 말해서 각각의 부분들이 구멍을 가지고 있으며, 부분의 부분들이 저마다 구멍을 가지고 있다는 것을 검증한 뉴턴은 우주 안에는 단단한 물질로 된 최소한의 입방체도 없다고 했는데, 그 정도로 우리의 정신은 물질이 무엇인지 이해하지 못하고 있었다.

이렇게 그는 빛을 분해하고, 원색으로 구성된 색을 알아내는 방법을 증명할 때까지 통찰력 있는 발견을 계속하여, 프리즘으로 분리된 기본적인 광선들이 순서대로 굴절되었기 때문에 그런 순서대로 배열되는 것이라는 사실을 알려주었다. 이 비율이 깨어지는 것은 광선의 굴절이 일정하지 않기 때문인데, 이것은 뉴턴이 있기 전까지는 알려지지 않았던 성질이다. 빨강을 주황보다 적게 굴절시키는 힘, 이것을 그는 굴절성이라 불렀다.

가장 반사가 많이 되는 광선이 가장 굴절이 잘되는 광선이다. 그러므로 동일한 힘이 빛의 굴절과 반사를 일으킨다는 것을 그는 밝혀냈다.

많은 놀라운 사실들이 그가 발견한 것들의 시작에 불과하다. 그는 빛의 진동과 떨림을 알아볼 수 있는 비밀을 알아냈다. 빛은 만나는 물질의 두께에 따라서 끝없이 왔다갔다 하면서 빛을 통과시키거나 반사시킨다는 것이다. 그는 평평한 렌즈와 한 면이 볼록한 렌즈를 포개 놓고 빛의 통과, 굴절, 혹은 어떠어떠한 색을 내기 위해서는 두 장의 유리 사이의 공기의 입자가 어느만큼 두꺼워야 하는가 하는 것까지도 계산해 냈다.

이 모든 조합을 통해서 그는 어떤 비율에서 빛이 물체에 작용하고, 물체가 빛에 작용하는지를 알아냈다.

그는 빛에 대해 너무나 잘 알고 있었으므로 빛을 어느 정도까지 증가시켜야 우리 시력이 망원경의 도움을 받을 수 있는지까지도 규정했다.

데카르트는 그 자신이 거의 발견했다고 할 수 있는 이 기술을 열정적으로 시작했지만, 그런 열정이라면 용서해 줄 만한 고귀한 믿음을 지닌 탓에 지구 위에서 우리가 작은 물체들을 식별할 수 있듯 천체 안에서도 망원경을 가지고 그렇게 볼 수 있기를 바랐다.

뉴턴은 대상을 우리에게 가까이 보이게 하면서 너무나 많은 광선을 분리시켜 버리는 바로 이 굴절과 굴절성 때문에 망원경이 더 이상 완벽해질 수 없다는 것을 입증하였다. 그는 렌즈 안에서 빨간빛과 푸른빛 사이 간격의 비율을 계산했다. 그리고 존재 자체를 의심해 본 적이 없는 사물들에서 증거를 가져와 렌즈의 모양과 빛의 굴절성이 만들어내는 불안정성을 조사했다. 그는 망원경의 대물렌즈가 한 면이 볼록이고 다른 한 면이 평평할 때, 평평한 면이 물체 쪽으로 향하게 되면 렌즈의 위치와 구성이 야기하는 오류가 굴절성이 야기하는 오류보다 5천 배나 적다는 것을 알아냈다. 그러므로 망원경을 완벽하게 만들 수 없는 이유는 렌즈의 모양 때문이 아니며, 빛의 성질 자체를 고려해야 한다는 것을 발견했다.

자, 이것이 그가 굴절을 통하지 않고 반사를 통해 대상을 보여주는 망원경을 발명하게 된 연유이다. 이 새로운 종류의 망원경은 만들기가 매우 어렵고 사용하기도 편하지 않지만, 영국에서는 5피트짜리 반사망원경이 100피트짜리 망원경과 같은 효과를 낸다고 말하고 있다.

무한대와 연대기에 관하여

무한의 미로와 심연 역시 뉴턴에 의해 탐색된 새로운 길이다. 우리는 그가 내민 줄을 잡고 그 길을 따라갈 수 있게 되었다.

데카르트는 이 새로운 놀라운 길에서도 선구자다. 그는 자신의 기하학에서 무한을 향한 큰걸음을 내디뎠지만 그 경계에서 멈추었다.[109] 지난 세기 중엽에 왈리스는 처음으로 분수를 무한히 나누어 무한대에 이르게 했다.

브로운커 경은 수열을 이용해서 쌍곡선을 그렸다.

메르카토르는 구적법의 논증을 책으로 썼다. 스물세 살의 뉴턴이 사람들이 쌍곡선에 대해 시도했던 것을 모든 곡선에 적용할 수 있도록 일반 이론을 고안해 낸 것도 바로 이 무렵이었다.

이 방법은 우리가 미분법 혹은 적분법이라고 부르는 대수 계산에 무한대를 도입하는 것으로 우리가 존재조차 생각할 수 없었던 것을 정확하게 측정하고 셀 수 있는 기술인 것이다.[110]

사실 누가 무한하게 작은 각을 이루는 무한하게 큰 선분이 있다고 말한다면 당신을 놀리는 것이라고 생각하지 않겠는가?

한정된 동안만 직선인 직선은 방향을 거의 바꾸지 않으면서 무한하게 변할 때 무한한 곡선이 된다는 말인가? 곡선은 무한하게 이어지면 덜 곡선이 된다는 말인가?

무한대의 사각형이 있고, 무한대의 입방체가 있고, 무한대의 무한이 있고, 무한의 끝에서 두번째는 맨 끝과 비교할 때 아무것도 아닐 수 있다는 말인가?

이 모든 것이 처음에는 지나치게 비논리적으로 보였지만 사실은 세련되고 확장된 인간 정신의 노력이었으며, 지금까지 알려지지 않았던 진리를 발견하는 방법이었다.

너무나 대담한 이 구조물은 단순한 관념들 위에 기초한 것이다. 사각형의 대각선을 측정하고 곡선의 면적을 알아내고, 일반 대수학에는 없는 어떤 수의 제곱근을 발견하기만 하면 된다.

결국 수많은 무한대의 질서는 원과 접선 사이에 언제든지 곡선을 지나가게 할 수 있다는 너무 잘 알려진 명제나 물질은 언제나 나누어질 수 있다는 또 다른 명제 못지않게 상상력을 허용해야 한다. 이 두 가지 진리는 오래전부터 증명되었고, 다른 것들과 마찬가지로 이해 가능한 것이다.

사람들은 오랫동안 이 유명한 계산법의 발명을 뉴턴이 했다고 인정함에 있어 논란을 빚어왔다. 독일에서는 라이프니츠가 뉴턴이 유율법이라 부른 미분의 창시자로 간주되었고, 베르눌리는 적분계산법을 자기가 창시했다고 주장했다. 그러나 첫 발견의 영광은 뉴턴에게 돌아갔고, 다른 사람들에게는 뉴턴과 그들 사이에서 고민하게 만들었다는 영광이 돌아갔을 뿐이다.

이것은 혈액의 순환을 하비가 발견했고, 수액의 순환을 페로가 발견했다는 것과 마찬가지다. 하르트쇠커와 뢰벤호크는 우리 몸을 구성하고 있는 미생물들을 처음으로 보았다는 영광을 누리고 있는데, 바로 이 하르트쇠커가 항성의 거리를 계산하는 새로운 방법을 고안했다는 공로를 휘겐스와 다투고 있다. 우리는 아직도 룰렛의 문제를 어느 철학자가 찾아냈는지 모르고 있다.

어쨌거나 뉴턴이 가장 높은 수준의 지식에 도달했던 것은 무한대의 기하학을 통해서이다.

나는 여러분에게 좀 더 인간의 손길이 닿을 수 있으면서도, 뉴턴이 그의 모든 연구에서 지니고 있던 창조적 정신을 여전히 느끼게 해주는 그의 공적 한 가지를 더 이야기하려고 한다. 바로 완전히 새로운 연대기가 그것이다. 그는 모든 시도를 할 때마다 다른 사람들이 갖고 있는 통념들을 변화시켜야만 했다.

혼돈을 정리하는 데 익숙한 그는 적어도 역사와 고대 우화가 뒤섞인 혼돈 안에 어떤 빛을 비추어 불확실한 연대기를 확정지을 수 있기 바랐다. 가족이나 도시·국가들은 모두 되도록 먼 과거에서 기원을 찾으려 하는 것이 사실이다. 특히 초기의 역사가들은 날짜를 표기하는 데 가장 소홀했고, 책들은 오늘날보다 천 배나 더 귀했다. 따라서 비평에 덜 노출되었으므로 사람들은 더욱더 거리낌없이 세상을 왜곡해 왔다. 그리고 사실들도 뻔히 가정하는 마당에 날짜를 가정하는 것은 충분히 가능한 일이다.

일반적으로 세상은 뉴턴이 보기에 연대기들이 말하고 있는 것보다 500년은 더 젊어 보였는데, 자연의 일반적인 흐름과 천문학적 관찰에 기초하여 그런 생각을 하게 되었다.

여기서 인간의 각 세대의 시간이란 자연의 흐름을 통해 이해되는 것이다. 이집트인들이 수를 세는 이러한 불확실한 방법을 처음으로 사용하였다. 그들이 역사의 초창기를 기록하려 했을 때 메네스 왕에서 세톤 왕까지를 341세대로 세었고, 연대가 확실하지 않았으므로 3세대를 100년으로 잡았다. 이런 식으로 메네스 통치에서 세톤 통치까지를 11,340년이라고 계산했다.

그리스인들은 올림피아드에 의한 계산[111]을 하기 전까지는 이집트인들의 방법을 따랐는데, 각 세대를 최대 40년이라고 쳐서 세대의 지속 기간을 약간 늘려 잡기까지 했다.

그런데 이집트인들과 그리스인들은 계산을 잘못한 것이다. 자연의 평상적인 흐름에 따르면 3세대가 약 100년에서 120년이 된다는 것은 맞는 말이지만, 세 명의 왕의 통치 햇수가 이렇다는 것은 좀 다른 경우다. 일반적으로 인간은 왕이 통치하는 기간보다 더 오래 산다. 그러므로 정확한 날짜를 모른 채 역사를 기술할 때 한 나라에 아홉 명의 왕이 있었다는 것을 알고 있는 사람이 이들 아홉 명의 왕을 300년으로 계산한다면 대단히 잘못된 것이다. 각각의 세대는 약 36년이다. 왕 한 명의 통치 기간은 평균을 내보면 약 20년이다. 영국에서 정복왕 윌리엄 이후 조지 1세에 이르기까지의 서른 명의 왕을 생각해 보라. 그들은 648년 통치했다. 그것을 서른 명으로 다시 나누어 보면 왕 한 명이 21년 반을 통치한 셈이다. 프랑스의 예순세 명의 왕을 평균해 보면 왕 한 명이 거의 20년을 다스렸다. 이것이 자연의 평상적인 흐름이다. 그러므로 고대인들이 일반적으로 통치 기간과 세대 기간을 같다고 계산하면 틀린 것이다. 너무 많이 늘려 잡았기 때문이다. 그러므로 그들의 계산을 약간 깎아내야 한다.

그리고 천문학적 관찰들이 우리의 철학자에게 더 많은 도움을 준 것 같은데, 그는 자신의 영역을 넘어설 때 더욱 강해 보인다.

아시다시피 지구는 1년 동안 태양의 둘레를 서쪽에서 동쪽으로 공전하면서 또한 자전을 하는데, 이것은 최근까지 완전히 알려지지 않았다. 지구의 양극은 동쪽에서 서쪽으로 매우 느리게 역행을 하여 매일매일 지구의 위치가 정확하게 같은 지점에 오지 않는다. 이 차이는 1년 동안은 눈에 띄지 않지만 세월이 지나면 상당히 커지고, 72년이 지나면 차이가 1도, 즉 우주 전체의 360분의 1이 된다. 그러므로 72년 후에는 고정된 춘분점을 지난다는 춘분의 분지경선이 다른 춘분점을 지나게 된다. 그러므로 태양은 히파르크 시대의 백양궁이 있던 하늘에 있지 않고, 황소좌가 있는 하늘에 있게 된다. 그리고 쌍둥이좌는 72년 전 당시에 황소좌가 있던 자리에 있게 된다. 모든 별자리들의 자리가 바뀌는 것이다. 그런데도 우리는 여전히 고대인들이 말하는 방식 그대로 태양이 봄에는 백양궁에 있다고 말하는 것이다. 태양이 도는 것이라고 말하는 것과 똑같은 교만이다.

히파르크는 분점을 기준으로 볼 때 별자리들이 약간씩 변한다는 것을 알아차린, 아니 그것을 이집트인들에게 가르쳐 준 최초의 그리스인이었다. 그 당시에는 지구의 그런 자전을 상상조차 할 수 없었으므로 철학자들은 이 변화를 별들이 움직인 탓이라고 여겼다. 사람들은 지구의 동서남북이 고정되어 있다고 믿었고, 하늘에 모든 별들이 고정되어 매달려 있는데 그 하늘이 특별하게 움직인다고 생각했다. 그 움직임이 하늘을 동쪽을 향해 나아가게 하여 그동안 모든 별들이 매일 동쪽에서 서쪽으로 이동하는 것처럼 보이는 것이라고 생각했다. 이러한 오류에 더하여, 그들은 별들이 고정되어 있는 하늘이 100년에 1도씩 동쪽으로 나아간다고 생각하는 더욱 본질적인 두번째 오류를 범했다. 이런 식으로 그들은 물리학의 체계에서 와 마찬가지로 천문학적 계산에서도 착오를 일으킨 것이다. 예를 들어 그 당시 천문학자는 이렇게 말했을 것이다. "어떤 관찰자가 살던 시대에는 춘분점이 어떤 별자리에, 어떤 표지 안에 있었는데, 이 관찰자가 살던 시대로부터 우리가 사는 시대까지 2도만큼 이동했다. 그런데 2도는 200년에 해당되므로 이 관찰자는 우리보다 200년 전에 살았다." 이렇게 추론했다면 그 천문학자는 정확하게 54년이 틀렸을 것이다. 이것이 고대인들이 이중으로 잘못 생각하여 이 세상의 나이를 하늘 전체가 공전하는 데 걸린 시간으로 보고 약 36,000년이라고 생각한 이유가 된다. 그러나 근대인들은 별들이 고정되어 있는 하늘의 이런 상상적 공전이 25,900년이 걸리는 지구 극지방의 공전과 다르지 않다는 것을 알고 있다. 이쯤에서 뉴턴이 지구의 모양을 규정하면서 매우 다행스럽게도 이런 공전의 이유를 설명했다는 것에 주목하는 것이 좋겠다.

이런 모든 것들이 밝혀졌으므로 연대기를 확정짓기 위해서는 춘분의 분지경선이 오늘날 어느 별자리에서 황도와 만나는지 알아보고, 자기가 살던 시대에 춘분의 분지경선과 황도가 어떤 지점에서 만났는지를 이야기한 어떤 고대인이 있는지 알아봐야 한다.

클레망 알렉상드랭은 아르고노트 탐험대의 일원이었던 키론이 그 유명한 탐험의 시기에 별자리를 관찰하고 춘분의 분지경선은 백양궁 한가운데에, 추분의 분지경선은 천칭궁 한가운데, 하지의 분지경선은 게자리에, 동지는 염소자리 한가운데로 정했다는 이야기를 하고 있다.

아르고노트 탐험 후 한참이 지나 펠로폰네소스 전쟁이 일어나기

1년 전에 메통은 하지점이 게자리에서 8도 기울어진 곳을 지나고 있음을 관찰하였다.

그런데 황도 12궁은 각각 30도이다. 키론의 시대에 하지는 12궁의 한가운데, 즉 15도에 있었다. 펠로폰네소스 전쟁 1년 전에는 8도였다. 그러므로 7도가 늦은 것이다. 1도가 72년이므로 펠로폰네소스 전쟁의 시작에서 아르고노트 탐험까지는 72년의 일곱 배가 흘렀고, 그것은 그리스인들이 말하는 700년이 아니라 540년이 된다. 이렇게 오늘의 하늘 상태와 당시의 하늘 상태를 비교해 보면 아르고노트 탐험은 기원전 1,400년이 아니라 약 기원전 900년에 자리 잡게 된다. 따라서 세상은 우리가 생각하는 것보다 약 500년 젊은 것이다. 같은 이유로 모든 시대가 우리 시대에 더 가까이 다가서게 되고, 모든 일은 우리가 말하는 것보다 더 늦게 일어난 것이다. 이 독창적인 체계가 성공하여 이 생각을 따라서 누군가가 세계의 연대기를 고쳐 쓸 결심을 하게 될지 어떨지는 모르겠다. 아마도 학자들은 한 사람이 물리학·기하학, 그리고 역사를 동시에 완성시키는 영광을 누린다는 것이 너무 심하다는 생각을 할 수도 있겠다. 뉴턴은 그들의 자존심이 받아들이기 어려운 일종의 보편 군주라고나 해야 할지도 모른다. 그래서 위대한 철학자들이 그의 만유인력을 공격하던 시대에 또 다른 철학자들은 그의 연대기 체계를 공격했다. 승리가 누구의 것인지 시간이 지나면 알게 되겠지만, 더 부정확한 논란만 계속될 수도 있다.

비극에 관하여

프랑스 사람들에게 이동무대밖에 없었을 때, 영국 사람들은 스페인 사람들과 마찬가지로 이미 극장을 소유하고 있었다. 영국의 코르네유로 간주되는 셰익스피어는 '로프 드 베가'[112]와 거의 같은 시대에 전성기를 누렸고,[113] 그는 연극을 창조했다. 셰익스피어는 훌륭한 취향이 세심한 데서 빛을 발하거나, 극작법에 대한 사소한 지식은 없지만 힘과 풍요함, 자연스러움과 숭고함이 넘치는 재능을 지녔다. 나는 무모하지만 진실이랄 수 있는 한 가지 사실을 이야기하고자 하는데, 즉 이 작가의 재능이 영국의 연극을 망쳤다는 것이다. 우리가 비극이라고 부르는 그의 기이한 소극(笑劇)들 안에서 펼쳐지는 너무나 아름다운 장면들과 위대하고 끔찍한 대목들 때문에 그의 작품들은 언제나 대성공을 거두며 공연되었다. 유일하게 인간들의 명성을 만들어내는 시간은 결국에는 그들의 결점까지도 존중할 만한 것으로 만들어 준다. 이 작가의 기이하고 거인다운 생각들 대부분은 200년 뒤에 숭고한 것으로 인정받는 권리를 얻었다. 근대 작가들 거의 모두가 그를 모방했지만 셰익스피어가 성공을 거두었던 것들이 그들에게는 야유의 대상이 되었다. 여러분도 잘 아시다시피 사람들이 근대 작가를 경멸하는 것에 비례해서 이 고대인에게 품었던 경배는 증가하고 있다. 셰익스피어를 모방하지 말았어야 했다는 성찰은 하지 않고, 그를 모방한 자들이 제대로 성공하지 못한 것은 오직 셰익스피어가 모방할 수 없는 작가라서 그렇다고 여긴다.

《베니스의 무어인》이라는 대단히 감동적인 비극작품에서는 무대 위에서 남편이 아내의 목을 조르는데, 가엾은 부인은 목이 졸려 죽어가면서 자신이 죽어 마땅하다고 울부짖는다. 아시다시피 《햄릿》에서 무덤을 파는 인부들이 술을 마시며, 통속 희극을 노래하며, 죽은 자의 머리맡에서 인부들이나 주고받을 농담을 하면서 구덩이를 판다. 그러나 여러분이 놀랄 일은 예절의 시대이며, 예술의 황금시대인 찰스 2세 치하에서도 이런 바보 같은 짓을 모방하곤 했다는 점이다.

《구원받은 베니스》에서 오트웨이는 베드마르 후작의 무서운 음모가 진행되는 와중에 원로원 의원 안토니오와 창녀 나지를 등장시킨다. 늙은 원로원 의원 안토니오는 정부 곁에서 늙고 무력하고 상식을 벗어난 난봉꾼의 온갖 추잡한 짓을 한다. 그는 황소와 개의 흉내를 내기도 하고, 자기 정부의 다리를 물어뜯기도 하는데, 그러면 그 여자는 그에게 발길질을 하고 채찍질을 한다. 사람들은 오트웨이의 작품에서 가장 야비한 건달에게나 어울릴 이런 어릿광대짓을 삭제해 버렸다. 그러나 셰익스피어의 《줄리어스 시저》에서 브루투스와 카시우스가 함께 나오는 장면에 등장하는 구두 수선공과 로마인 헌신 장수가 나누는 농담은 남겨두었다. 오트웨이의 바보짓은 근대적이고, 셰익스피어의 바보짓은 고대적이기 때문이다.

여러분들은 지금까지 영국 연극에 대해, 특히 유명한 셰익스피어에 대해 언급한 사람들이 그의 결점만을 보게 해주었고, 그의 모든 결함을 덮어줄 감동적인 장면들은 하나도 번역하지 않았음을 불평해야 할 것이다. 한 시인의 결점을 산문으로 이야기하기는 수월하지만, 그의 아름다운 운문을 번역하기는 매우 어렵다고 나는 대답할 것이다.

유명한 작가의 비평가를 자처하는 삼류 문인들은 모두 여러 권에서 이것저것 끌어오지만, 나는 여러 권보다 우리에게 어떤 아름다움을 일깨워 주는 단 두 페이지가 더 좋은 것 같다. 나는 호메로스와 비르길리우스에 대해 쓰여진 모든 비평보다 그 두 유명 시인의 열두 줄 시구 속에 더 유익한 것이 많다는 주장을 훌륭한 취향을 갖춘 사람들과 함께해 온 바이다.

무모하게도 나는 영국의 훌륭한 시인들 작품 몇 편을 번역해 보았는데, 그 중에는 셰익스피어의 작품도 하나 있다. 원문을 위해서 번역문에는 관대함을 베푸시라. 그리고 항상 번역문을 보게 될 때는 아름다운 그림의 희미한 판화 하나를 보고 있을 뿐이라는 것을 기억하시라.

나는 모두들 알고 있는 작품이며, 다음의 시구로 시작하는 비극 《햄릿》의 독백을 택했다.

죽느냐 사느냐 이것이 문제로다.

이렇게 말하는 사람은 덴마크의 왕자, 햄릿이다.

머무르라, 선택해야 한다,

삶에서 죽음으로, 존재에서 무로 당장 건너가야 한다.

잔인한 신들이여! 신이 있다면, 내 용기를 비추어 주오.

나를 모욕하는 자의 휘하에서 등이 굽은 채 늙어가야 하는가?

내 불행, 내 운명을 견뎌야 하는가, 아니면 끝내야 하는가?

나는 누구인가? 누가 나를 멈추게 하는가? 죽음이란 무엇인가?

죽음은 내 불행의 끝, 내 유일한 피난처다.

긴 여행 뒤에 오는 평온한 잠,

사람들은 잠들고 모두가 죽는다. 그러나 어쩌면

달콤한 잠에 뒤이어 끔찍한 깨어남이 있겠지.

영원한 고통이 짧은 삶에 뒤이어 온다고 우리를 위협하는구나,

오 죽음이여! 운명의 순간이여! 끔찍한 영원이여!

네 이름만으로도 온 심장이 겁에 질려 얼어붙는구나.

아! 누가 그대 없이 이 삶을 견딜 수 있는가?

거짓말쟁이 우리 사제들이 위선자를 축복하고

비열한 애인이 실수를 칭찬하는 꼴이라니,

나으리들 발밑을 기며 높으신 분들을 숭배하고

눈길을 돌리는 배은망덕한 친구들에게

누가 쓰러진 그의 영혼의 무기력을 보여줄 수 있을까?

이 막다른 골목에서 죽음은 너무 달콤하리라

그러나 양심이 말을 걸며 우리에게 소리치네, "멈추어라!"

이 행복한 자살을 우리 손에서 막아주며

영웅적인 전사를 비겁한 기독교인으로 만드는구나.[114]

내가 여기서 그저 영어 단어를 프랑스어 단어로 바꾼 것이라고

생각하지 마시기를. 단어를 하나하나 번역하면서 그 의미를 무력하게 만드는 글자 그대로 번역하는 자에게 불행 있으라. 문자는 죽고 정신이 살아난다고 말할 수 있는 것은 바로 그 점에서다.

여기 또 하나, 영국의 유명한 비극 작가 드라이든이 쓴 작품의 한 대목을 보자. 그는 찰스 2세 시대의 시인이며, 정확하다기보다는 풍요로운 작가인데 자기 작품의 10분의 1만 썼더라면 흠 없는 평판을 얻었을 터인데, 그의 큰 결점은 세계적이 되려 했다는 것이다.

그 대목은 이렇게 시작한다.

삶을 생각해 볼 때, 그건 모두 속임수
아직도 희망에 속아 사람들은 꾐에 넘어가네.

후회스런 계획과 욕망이 빚은 실수들
분별없는 인간들은 그들의 광기를 이리저리 휘두르네.
현재의 불행 속에서, 쾌락의 희망 속에서,
우리는 결코 사는 것이 아니네. 우리는 삶을 기다리고 있네.
내일, 내일은 우리의 모든 소원이 채워지리라.
내일이 오지만 우리는 여전히 더욱 불행하네.
아, 무엇이 잘못인가! 누가 수고스럽게 우리를 삼키는가?
우리 가운데 아무도 온 길을 다시 시작하고 싶어하지 않네
우리는 우리가 처음 태어나던 순간의 새벽을 저주하네
그리고 다가오는 밤도 저주하지
우리는 아직 기다리고 있다네
우리 인생의 가장 아름다운 날들이 헛되이 약속했던 것들을.[115]

영국의 비극 작가들이 이제까지 뛰어났던 것은 이런 대목들에서이다. 그들의 작품은 대부분 모두 거칠고 예법·질서·사실임직함이 결여되어 있지만, 이렇게 한밤중에 놀라움을 주는 섬광들을 지니고 있다. 문체는 너무 과장되고 자연스러움을 벗어나 있으며, 아시아적인 과장이 가득한 히브리 작가들의 모방에 치우치고 있다. 그러나 잘난 듯이 뽐내는 수사법을 많이 사용한 드높은 문체는 비록 불규칙한 걸음걸이기는 하지만 정신을 높이 고양시켜 준다고 말해야겠다.

이치에 맞고 처음부터 끝까지 우아함을 유지하고 있는 작품을 쓴 최초의 영국 작가는 유명한 애디슨이다. 그의 《유티카의 카토》는 운문시의 낭독과 아름다움을 보여주는 걸작이다. 내가 보기에, 카토의 역할은 코르네유의 작품 《폼페이》[116]에 나오는 코르넬리의 역할을 훨씬 능가한다. 왜냐하면 카토는 과장 없이 위대하지만 코르넬리는 반드시 필요한 인물이 아니면서 때로 횡설수설하기 때문이다. 애디슨의 카토는 그 어떤 연극에 나온 인물보다 가장 아름다운 인물이라고 간주되지만 극 중 다른 역할들이 거기에 부응하지 못하고 있고, 매우 훌륭한 작품이지만 작품을 죽이는 무기력함을 작품 전체에 퍼뜨리는 사랑의 냉정한 음모로 인해 변질되고 말았다.

드라마틱한 작품에 잘못되고 비뚤어진 사랑을 도입하는 습관은 1600년경에 프랑스의 리본·가발과 함께 파리에서 런던으로 건너갔다. 극을 장식하는 여인들은 여기서도 사랑 이외의 다른 일들에 대해 말하도록 놔두지 않는다. 현명한 애디슨은 자기 성격의 엄격함을 동시대의 관습에 맞춰 신축시키는 유연한 친절을 지녔고, 비위를 맞추느라고 걸작을 망쳐 놓았다.

이후로 작품들은 더욱 규칙성을 띠었고, 사람들은 더욱 까다로워 졌으며, 작가들은 더욱 정확하고 대담성은 덜해졌다. 나는 아주 얌전하지만 냉정한 새 작품들을 보았는데, 영국인들은 지금까지 오직 불규칙한 아름다움을 만들어내기 위해서 태어난 것같이 보인다. 셰익스피어의 찬란한 괴물들이 근대의 지혜보다 천 배나 더 마음에 든다. 영국인들의 시적 재능은 현재까지 이리저리 수많은 가지들을 뻗치며 들쭉날쭉 힘차게 자라고 있는, 자연적으로 심어져 있는 우거진 나무를 닮았다. 만일 여러분이 그 자연에 억지로 힘을 가하고, 말리의 정원수처럼 다듬는다면 그 나무는 죽고 말 것이다.

희극에 관하여

〈영국과 프랑스인에 관한 편지〉를 쓴 현명하고 재능 있는 뮈라가 희극에 대해 이야기하면서 어떻게 사드웰이라는 희극 작가를 비판하게 되었는지 모르겠다.[117] 사드웰은 당대에 꽤나 무시받았고, 점잖은 시인은 아니었다. 그의 작품이 몇 차례 공연되는 동안 대중들은 재미있어했지만 훌륭한 취향을 지닌 모든 사람들은 그 작품을 경멸했다. 그런데 그 작품은 내가 프랑스에서 보았던 것처럼 군중들의 흥미는 끌었지만 독자들은 반감을 보이던 많은 작품들과 닮은 데가 있었다. 그 작품들에 대해서 사람들은 이렇게 말하는 것이었다. "파리 전체가 그 작품을 단죄하지만, 파리 전체가 그 작품을 향해 달려간다."[118] 뮈라 씨는 그 당시 살았던 한 뛰어난 작가에 대해 우리에게 말했어야 했던 것 같은데 바로 위철리 씨다. 그는 오랫동안 찰스 2세의 가장 유명한 정부(情婦)의 공공연한 연인이었다. 이 사람은 최상류 사회에서 일생을 보냈으므로 그 사회의 악덕과 우스꽝스러움을 완벽하게 알고 있었고, 가장 사실적인 색채와 가장 확고한 붓으로 그 사회를 그려 보였다.

그는 몰리에르를 모방하여 《염세주의자》[119] 하나를 그려냈다. 위철리가 그려낸 염세주의자의 모든 면모는 몰리에르의 염세주의자의 면모보다 더 강력하고 더 대담하지만 또한 섬세함과 예법은 덜하다. 영국 작가는 몰리에르의 작품이 갖는 유일한 결점을 수정하였는데, 그 결점이란 줄거리와 흥미의 결핍이다. 영국 작품은 재미있고 줄거리도 기발하지만 우리의 풍습으로 보면 너무 대담하다고 해야 할지 모르겠다. 그 주인공은 많은 장점을 지니고 있고, 솔직하지만 인간에 대한 경멸을 품고 있는 해군 대위다. 그는 현명하고 진실한 친구가 하나 있는데, 그 친구를 경계한다. 그를 다정하게 사랑해 주는 애인도 있지만, 그녀에게 눈길도 주지 않는다. 오히려 그는 없애버려 마땅한 나쁜 친구에게 자신의 모든 신뢰를 바쳤고, 모든 여자들 가운데 가장 아양이나 떨고 배은망덕한 여자에게 자신의 마음을 주었다. 이 여인은 페넬로페 같은 여인[120]이며, 나쁜 친구는 카톤 같은 사람[121]이라고 그는 확실히 믿었던 것이다. 그는 네덜란드로 전투하러 떠나며 자신의 전 재산과 보석, 자신이 가진 모든 것을 이 여인에게 남기고 그토록 신뢰하는 친구에게 그녀를 부탁한다. 그가 경계하는 진짜 정직한 친구는 그와 함께 배를 타고, 그가 눈길도 주지 않는 애인은 시동으로 분장하여 여자임을 알아보지 못하게 하고 여행길에 오른다.

전투에서 배를 잃은 대위는 배도, 돈도, 도움도 없이 시동과 친구와 함께 런던으로 돌아오는데 여전히 친구의 우정도, 애인의 사랑도 알아채지 못하고 있다. 그는 맡겨 놓은 재산과 여인의 사랑을 다시 찾으리라 기대하고 곧장 여인의 집으로 갔다. 그러나 그녀는 그가 정직하다고 믿었던 친구 녀석과 결혼했고, 그가 맡긴 재산은 조금밖에 남지 않았다. 우리의 주인공으로서는 착한 여자가 그런 계교를 쓸 수 있었다는 것을 믿기가 너무나 고통스러워 땅이 꺼지는 것 같았다. 그러나 그의 마음에 못을 박듯이 이 부인은 그의 시동에게 홀딱 반해서 그를 납치하려 한다. 그러나 사필귀정이며, 연극에서는 악이 벌받고 선이 보상받아야 하므로, 마침내 대위가 시동으로 꾸미고 그녀와 자리에 들어 그녀의 오쟁이진 남편, 배신자 친구를 한칼에 찔러죽이고 자신의 재산을 되찾아 시동 행세를 하던 여인과 결혼한다. 여러분은 이 연극에 대위의 친척이며 늙은 아첨꾼인 팽베슈 백작부인이 끼어드는 것을 주목하게 되는데, 그녀는 연극에서 가장 유쾌한 인물이며 가장 훌륭한 개성을 지니고 있다.

위철리는 몰리에르로부터 또 한번 독특하고 대담한 작품 하나를 끌어오는데, 그것이 바로 《아내들의 학교》[122]이다.

작품의 주인공은 재산이 많은 바람둥이로서 런던에 사는 남편들의 공포의 대상이다. 그는 좀 더 마음놓고 행동하기 위해 죽을 병이 들어 의사들이 그를 거세하였다는 소문을 냈다. 이런 소문이 나자 모든 남편들이 그에게 자기 부인을 데려왔고, 그 남자는 이제 당황할 필요 없이 선택만 하면 되었다. 그는 순진하고 열정적인 어린 시골 여자를 특별히 좋아하게 되었는데, 그 여자는 아주 노숙한 부인들보다도 더 그럴듯하게 자기 남편을 따돌렸다. 이 작품은 기대하는 것처럼 좋은 풍속을 가르치지는 못하더라도 사실 말이지 재치와 재미있는 희극의 학교이기는 하다.

기사(騎士) 반브루는 더 재미있지만 기발성은 떨어지는 희극을 썼다. 이 기사는 쾌남인데다가 시인이며 건축가였다. 그는 집을 짓듯이 약간 거칠게 글을 썼다고 한다. 우리의 불행한 획슈태트 전투에서 살아남은 블렌하임의 기념비적인 유명한 성을 건축한 사람이 바로 그다.[123] 한 가지 아쉬운 점이 있다면 벽이 두꺼운 만큼 방들이 넓었다면 그 성은 제법 편안했을 것이다.

사람들은 반브루의 묘비명에 "그는 살아 있을 때 매우 비인간적으로 땅에 무게를 실었으니, 흙이 그에게 가볍게 느껴지지 않기를"이라고 썼다. 이 기사는 1701년 전쟁이 일어나기 전에 프랑스를 일주하고 바스티유 감옥에 갇히게 되었는데, 무엇이 프랑스 정부의 주의를 끌었는지 전혀 알지 못한 채 그곳에서 얼마간 지냈다. 그는 바스티유 감옥에서 희극을 하나 썼다. 내 상식으로 볼 때 기이한 것은 그런 폭력을 당하고도 그 나라에 대한 어떤 반감도 이 작품 안에 없다는 사실이다.

영국인들 가운데 희극의 영광을 가장 발전시킨 사람은 고인이 된 콘그리브 씨이다.[124] 그는 작품을 별로 많이 쓰지는 않았지만 모두 그 장르에서 뛰어난 작품들이다. 연극의 규칙들이 엄격하게 지켜지고, 다양한 성격들이 아주 섬세하게 작품을 꽉 채우고 몹시 사소한 저질 농담들은 배제되었다. 여러분은 작품 어디서나 건달의 행동과 신사의 말을 보게 될 것이다. 이것은 그가 자신이 살고 있는 세상을 잘 알고 있었으며, 좋은 친구들 속에서 살았다는 것을 증명하는 셈이다. 그는 불구였고, 내가 그를 알게 되었을 때는 거의 죽어가고 있었다. 그에게 결점이 하나 있다면 자신에게 명성과 재산을 가져다 주었던 작가라는 첫째 직업을 그리 높이 평가하지 않는다는 것이다. 그는 자신의 작품들을 자신보다 아래에 있는 하찮은 것으로 내게 이야기했다. 처음 만났을 때 나에게 자신을 매우 솔직하게 살았던 귀족의 한 사람으로만 보아 달라고 했다. 나는 그에게 만일 그가 다른 사람처럼 귀족에 불과한 불행한 사람이라면 결코 그를 보러 오지 않았을 것이라고 대답했고, 이렇게 전도된 허영심에 매우 충격을 받았다.

그의 작품들은 매우 영성적이고 정확하다. 반브루의 작품이 매우 유쾌하다면, 위철리의 작품은 대단히 강력하다.

이렇게 총명한 정신을 지닌 자는 누구도 몰리에르에 대해 나쁘게 말하지 않는다는 점을 눈여겨볼 만하다. 이 위대한 인물을 혹평하는 못된 영국 작가가 있을 따름이다. 륄리를 경멸하는 것은 이탈리아의 못된 음악가들이지만 보논치니 같은 사람은 륄리를 존중하고 그를 정당하게 평가했으며, 마찬가지로 메드는 엘베시우스와 실바를 정당하게 평가했다.

또 영국에는 기사 스틸과 시버 같은 그런 훌륭한 희극 시인들이 있고, 탁월한 희극배우와 특히 천 에퀴의 연금을 받으며 많은 특권을 누리면서 우스운 직함이랄 수 있는 왕의 시인으로 지내는 사람이 있다. 우리의 위대한 코르네유는 그런 대우를 받지 못했다.

그러나 여기서 내가 우호적으로 언급한 이런 영국 작품들의 세밀한 부분까지 들어가 보라거나, 위철리나 콘그리브의 훌륭한 말이나 농담을 전해 달라고 요구하지는 마시라. 번역을 통해서는 웃을 수 없기 때문이다. 영국 희극을 알고 싶다면 런던에 가서 3년간 머물며 영어를 잘 배우고, 매일 희극을 보는 수밖에 다른 도리가 없다. 나는 플라우투스와 아리스토파네스를 읽으면서 큰 기쁨을 느낄 수는 없다. 왜 그럴까? 그것은 내가 그리스인도 로마인도 아니기 때문이다. 재치 있는 말의 섬세함, 시의적절한 말, 암시 등은 외국인에게는 전해지지 않는다.

비극의 경우는 그렇지 않다. 비극에서는 오직 위대한 정념이나, 혹은 우화나 역사의 오래된 잘못을 따르는 영웅적인 어리석음들이 문제인 것이다. 오이디푸스·엘렉트라는 그리스에 속하듯이 스페인에도 속하고, 영국에도 속하고, 프랑스에도 속한다. 그러나 훌륭한 희극은 한 나라의 해학에 대해 말해 주는 그림이다. 그 나라를 깊이 알지 못한다면 좀처럼 그 그림을 판단할 수 없는 것이다.

문예를 연마하는 신사분들에 관하여

    프랑스에서는 미술이 나라의 일류급 인사들에 의해 가꾸어지던 시절이 있었다. 특히 궁정인들은 나라에서 신성시하는 온갖 것들에도 불구하고 방탕과 사소한 것에 대한 취향, 음모에 대한 정열을 지니고 이것저것 참견하곤 하였다.

    요즘 궁정에는 문예 취향과는 완전히 다른 취향이 있는 듯하다. 아마 사유하는 풍조가 머지않아 되돌아올 것이다. 왕은 원하기만 하면 이 나라를 자신이 원하는 대로 만들 수 있다. 일반적으로 영국에서는 사람들이 생각이 있고, 문예가 프랑스에서보다 훨씬 명예를 누리고 있다. 이러한 좋은 점은 이들 정부의 형태에서 나온 필연적 결과이다. 런던에는 대중 앞에서 말하고, 국가의 이익을 옹호할 권리를 지닌 사람이 약 8백 명 정도 있는데, 약 5,6천 명이 자기들에게도 똑같은 권리가 있다고 주장하고 있다. 나머지 사람들은 이들의 심판자를 자처하며 각자 공적인 사안에 대해 자신이 생각한 바를 출판할 수 있다. 이러니 모든 국민이 배워야 할 필요를 느끼게 된다. 사람들이 아테네와 로마 정부에 대해서만 말들을 하니 어쩔 수 없이 그런 것을 다른 저자들의 글을 읽어야만 하고, 그런 공부가 자연스럽게 사람들을 문예로 인도한다. 일반적으로 사람들은 자신의 처지에 맞는 정신을 지닌다. 어째서 일반적으로 볼 때 우리의 법관·변호사·의사, 그리고 고위성직자들이 다른 직업을 가진 사람보다 더 많은 문예와 취향과 정신을 지니고 있는가? 그것은 상인이라는 처지에서 상인의 거래가 어떻다는 것을 알 듯이 실제로 그들의 처지가 교양 있는 정신을 갖추고 있기 때문이다. 얼마 전 일인데아주 젊은 영국 신사 하나가 이탈리아에서 돌아오는 길에 나를 보러 파리에 왔었다.[125] 그는 이탈리아에 대한 묘사를 시로 지어 보였는데, 로체스터 백작이나 우리 나라의 쇼리외·사라생·샤펠 등이썼던 것 못지않게 정중하게 쓴 것이었다.

내 번역이 원본의 힘과 재미있는 농담에 훨씬 못 미치는 것이어서 저자와 영어를 이해하는 사람들에게 진지하게 용서를 구해야만하겠으나, 내가 그 신사의 시를 알려줄 다른 방법이 없으므로 여기서는 나의 번역을 옮겨 본다.

그런데 나는 이탈리아에서 무엇을 보았는가?
오만, 교활, 가난
극심한 아첨과 찾아보기 힘든 친절
그리고 많은 전례들,
종교재판관은 종교라고 불리기를 바라지만
여기서는 광기라고 불리는
과장된 희극들이다.

헛되이 호의를 베푸는 자연은

이 매혹의 장소를 풍요롭게 해주려 한다.

목자들의 절망을 주는 손은

자연의 가장 아름다운 선물을 숨막히게 하고

위대하다는 고위성직자들은

으리으리한 그들의 성 안에서 저 혼자

고명한 게으름뱅이다

돈도 없고 하인도 없이

약한 자를 위해서는 자유도 없이

그들을 지배하는 멍에를 쓴 순교자들은

청빈의 서약을 했다.

한가롭게 신에게 기도하고

늘상 기근으로 단식하는

축복받은 교황의 이 멋진 장소는

악마들이 거주하고 있는 것 같다.

불쌍한 주민들은

천국에서 유죄 선고를 받았다.

어쩌면 이 시들이 이단적이라고 말할지 모르겠으나 아쉽게도 이 교도 호라티우스나 유베날리스의 시들도 우리가 매일 그나마 제대로는 아니지만 번역하고 있지 않은가. 아시다시피 번역자는 저자의 감정에 답하지 않아야 하며, 번역자가 할 수 있는 일이란 그의 개종을 위해 기도하는 일이고, 기도야말로 이 신사의 개종을 위해 내가 빼놓지 않는 일과이다.

로체스터 백작과 윌러 씨에 관하여

로체스터 백작의 명성은 모두들 알고 있다. 생테브르몽 씨가 그에 대해 여러 번 이야기했지만, 그 유명한 로체스터 씨를 쾌락을 밝히는 부자라고만 알려주었다. 나는 그의 천재와 위대한 시인의 면모를 알려주고 싶다. 그는 오직 그만이 지닌 열정적인 상상력이 빛나는 작품들 외에도 우리의 유명한 데프레오 씨가 택했던 같은 주제를 가지고 풍자시 몇 편을 지은 바 있다. 같은 대상을 두고 쓴 위대한 천재들의 글을 비교하는 것은 취향을 완성하는 데 더없이 유익하다고 생각한다.

다음의 시는 데프레오 씨가 인간에 대한 풍자시에서 인간 이성에 반대하여 쓴 것이다.

그러나, 그를 보니, 가벼운 연기로 가득 차 있는데,
자신의 악몽으로 스스로를 달래고 있구나,
오직 그만이 자연의 토대이자 버팀목,
열번째 하늘은 오직 그를 위해 운행될 뿐이네.
모든 동물들 가운데서 그가 이곳의 주인이네.

누가 그것을 부인하랴? 그대가 이어갈 텐가? 내가 그럴 테지.

그들에게 법을 만들어 준 주인이라는 자가

동물들의 왕이, 얼마나 많은 왕을 모시고 있는가?[126]

　다음 내용은 로체스터 백작이 인간에 대한 풍자시에서 표현한 것을 거의 그대로 옮겨 놓은 것이다. 그러나 독자는 이것이 영국 시인의 시를 마음대로 번역한 것이라는 점과 우리의 작시법과 우리 언어의 미묘한 예법이 영어 문체의 과격한 자유를 그대로 옮겨낼 수 없다는 사실을 언제나 염두에 두어야 할 것이다.

　내가 혐오하는 이 정신, 오류 가득한 이 정신은,

　나의 이성이 아니다. 이것은 그대의 이성이다, 박사여.

　이것은 그대의 하찮고, 불안하고, 오만한 이성이다.

　얌전한 짐승들의 건방지고 경쟁하는 이성,

　짐승들과 천사 사이, 그 가운데 있다고 믿으며

　지상에서는 신의 모상이라고 생각하는 너의 이성이다.

　자라고, 의심하고 토론하는 불운하고 비열한 원소가

　기고, 자라고, 넘어지며, 아직까지는 자신의 추락을 부인한다.

　자신의 사슬을 보여주면서

　"나는 자유롭다"고 누가 우리에게 말하는가

　그의 혼란스럽고 거짓된 눈은 우주를 꿰뚫었다고 믿는구나.

　가거라, 미친 경배자여, 광신적인 복된 이여,

　그대의 철학자다운 한 무더기 허무를 편찬하라.

　전망과 성스러운 수수께끼의 아버지들이여,

그대가 길을 잃은 미로의 창조자들이여,
눈에 띄지 않게 그대의 신비를 밝히러 가거라.
학교로 달려가 그대의 악몽을 찬탄하거라!
다른 오류들이 있으니 독신자들의 것이다.
스스로 휴식의 권태에 빠지는 벌을 받고
자신의 게으름을 자랑하는 폐쇄된 이 신비는
신의 품에서 평온하구나, 거기서 무엇을 할 수 있는가? 그는
　　생각한다.
아니 불쌍한 그대는 전혀 생각 않는구나, 그대는 잠들었구나.
지상에서 쓸모없으니 죽은 자의 행렬에 끼어들도록.
흥분한 너의 정신은 유약함 속에 웅크리고 있구나.
깨어나라, 인간이 되거라, 그대의 도취에서 벗어나라.
인간은 행동하기 위해 태어났는데, 그대는 생각하는 척하는구나.

　이런 생각들이 사실이건 거짓이건 시인이 되게 하는 활력을 가지고 표현되었다는 점은 확실하다.

　나는 철학자로서 왈가왈부하지는 않겠으며, 컴퍼스를 집기 위해 펜을 놓아 버리지는 않으리라. 이 편지를 쓰는 나의 유일한 목적은 영국 시인들의 재능을 알려주는 것이며, 계속 이런 어조로 쓰려 한다.

　우리는 프랑스에서 그 유명한 월러 씨에 대해 말하는 것을 들어왔다. 라 퐁텐·생테브르몽, 그리고 베일이 그를 찬양한 바 있지만 우리는 그의 이름밖에는 알지 못한다. 그는 파리에서 부아튀르가 누리는 만큼의 명성을 런던에서 얻고 있는데, 나는 그가 그 이상이라고 생각한다. 부아튀르는 우리가 야만을 벗어났으나 아직 무지 속

에 있던 시절 태어났다. 우리는 지성을 갖길 원했으나 아직 갖추지 못하고 있었고, 사상 대신에 기교를 찾고 있었다. 번쩍이는 가짜 보석은 진짜 보석보다 더 쉽게 눈에 띄는 법이다. 부아튀르는 시시하고 평이한 재능을 갖고 태어났으나 프랑스 문학의 여명기에 빛을 발한 첫번째 인물이 되었다. 그가 루이 14세 시대를 수놓은 위대한 인물들보다 후대에 태어났더라면 그는 알려지지 않았거나, 그를 경멸하는 말만을 듣거나, 그의 문체를 바꿔야 했을 것이다. 데프레오 씨는 그를 칭찬했지만 그의 초기 풍자시에 대해서였고, 데프레오의 심미안이 아직 형성되지 않았던 시절이었다. 그는 젊었고, 사람을 그 자체가 아니라 평판에 따라서 판단하는 나이였다. 게다가 데프레오는 칭찬할 때와 비난할 때 곧잘 온당치 못했다. 그는 세그레를 치켜세웠지만 지금은 아무도 읽지 않고, 키노를 깔보았지만 지금은 모두가 암송하고 있으며, 라 퐁텐에 대해서는 아무 말도 없었다. 월러는 부아튀르보다는 낫지만 아직 완전치 못했다. 그의 정중한 연애 작품들은 우아한 멋을 풍기지만 부주의한 면이 작품을 맥빠지게 하고, 종종 그릇된 생각으로 작품을 망치고 있다. 그 시대에 영국인들은 아직 정확한 작시법에 맞춰 시를 쓰기에는 이르지 못했다. 그의 진지한 작품들은 다른 작품들의 무기력함에 비해 기대하지 않았던 활력으로 가득하다. 그는 크롬웰에 대한 조사를 썼는데, 결점이 있기는 하지만 걸작으로 통하고 있다. 이 작품을 이해하려면 크롬웰이 극심한 폭풍우가 치던 날 죽었다는 사실을 알아야만 한다.

작품은 이렇게 시작한다.

그는 이제 없다, 그렇게 되었다, 운명을 따르도록 하자.

이날 하늘은 폭풍우로 신호를 보내주었다.

우리 머리 위에서 터지던 천둥소리는

그의 죽음을 알려주러 온 것이다.

그의 마지막 숨결에 이 섬이 요동치는구나,

그의 팔이 그토록 여러 번 떨게 만들던 이 섬이,

탐험의 여정에서

그가 왕들의 머리를 부수고

백성들이 그의 온화한 구속을 따랐을 때도

바다는 그를 슬퍼하여 일렁였지, 오 바다여!

감동한 파도가 소리치며 마치 더 먼 해안에게 말하는 것 같구나,

땅은 얼마나 두려워하고 있는가, 너의 주인이 이제 없으니.

옛날, 하늘에서 로물루스를 데려갔을 때처럼

그렇게 폭풍우 속에서 그는 이 땅을 떠나갔다.

그렇게 전사들의 찬사를 받았구나.

그가 살았을 때 순종하던 그의 궁전은

그의 존경스러운 죽음에 순종하여 사원이 되었구나.

바로 이 크롬웰 찬가에 관해서 월러가 베일의 사전에[127] 기록되어 있는 그 답변을 찰스 2세에게 했던 것이다. 국왕과 시인의 관례에 따라 국왕을 향한 찬사가 즐비한 작품을 헌정하러 온 월러에게 국왕은 크롬웰을 위해서는 더 좋은 찬사를 바쳤지 않았느냐고 비난했다. 월러는 이렇게 대답했다. "폐하, 우리들 시인이란 진실에서보다 허구에서 더 성공작을 내는 법입니다." 이 답변은 크롬웰보다 자신에게 덜 관심을 보였다고 불평하는 바로 그 찰스 2세에게 네덜란드

의 대사가 "폐하, 이 크롬웰은 좀 다른 경우입니다"라고 했던 답변만큼 진실한 편은 아니었다.

　내 목적은 월러나 어떤 인물의 성격에 대한 주석을 달려는 것이 아니다. 나는 타계한 사람은 오직 그의 저작으로 판단될 뿐이며, 다른 것들은 내게 아무것도 아니다. 궁정에서 태어났고, 6만 리브르의 연금을 받은 월러가 오만한 어리석음이나 자신의 재능을 포기할 정도로 무력하지는 않았음을 주목할 따름이다. 도르셋 백작, 로스코먼 백작, 버킹검의 두 공작, 핼리팩스 경, 그리고 다른 많은 사람들은 위대한 시인이나 저명한 작가가 되는 것이 체면을 손상하는 일이라고 생각하지 않았다. 그들의 저작들은 그들의 성(姓)보다 더욱 그들을 명예롭게 했다. 그들은 마치 글을 써서 재산을 얻기를 기대하듯이 문필을 갈고 닦았으며, 더구나 국민들의 눈에 예술을 존경스러운 것으로 보이게 만들었다. 국민들이란 어쨌건 위대한 인물들에게 이끌릴 필요가 있는 사람들인데, 영국에서는 이 세상 그 어느 곳보다 국민들이 위대한 인물을 본받지 않고 있었던 것이다.

포프 씨와 몇몇 유명 시인에 관하여

나는 여러분에게 호감 가는 영국 시인 가운데 한 명이며, 1712년 에 특별히 파견되어 파리에 전권대사로 와 있던 프라이어 씨에 대 해 말하고 싶었다. 1711년에 매튜 프라이어가 밀사의 자격으로 유 트레히트 조약을 협상하러 파리에 갔다. 이 조약에 따라 영국은 동 맹을 탈퇴했다.

나는 또 로스코먼 경, 도르셋 경의 시에 대해서도 몇 가지 생각을 피력하려고 했지만 그러려면 두툼한 책을 한 권 써야 하리라는 생 각이 들었고, 설령 많은 수고를 들인다 해도 그들의 모든 작품에 대 해서 아주 불완전한 생각만을 여러분에게 남기게 되리라는 생각도 하게 되었다. 시는 일종의 음악이므로 그것을 판단하기 위해서는 듣 는 것이 필요했다. 내가 이러한 외국 시들을 몇 편 번역했을 때 여 러분께 시의 음악적인 부분을 불완전하게나마 언급하였지만 그 시 들이 갖는 가락의 취향은 표현할 수가 없다.

특별히 어떻게 해서든 여러분에게 알려주고 싶은 영국 시 한 편 이 있다. 그것은 〈히디브라스〉라는 제목의 시로서 내란과 조롱거리 가 된 청교도파에 관한 것이다. 이것은 돈키호테와 우리 나라의 〈메

니페 풍자시)[129]를 합쳐 놓은 것으로 내가 일찍이 읽었던 모든 책들 중에서 가장 재치가 뛰어난 것이다. 그런데 이 역시 번역하기 가장 어려운 책이다. 인간의 모든 우스꽝스러움을 포착하고 있으며, 쓰여진 단어보다 더 풍부한 생각을 담고 있는 책이 번역하기 힘들다는 것을 누가 믿겠는가? 거의 모든 내용이 특별한 사건을 빗대어 말하고 있다. 가장 우스꽝스러운 것은 신학자들의 이야기인데, 이를 이해하는 사람은 별로 없다. 매순간 주석이 필요할 테지만 설명된 농담은 이미 농담이 아니다. 재담에 주석을 다는 사람은 모두 바보이다.

이것이 바로 프랑스에서 영국의 라블레라 불리는 스위프트 박사의 독창적인 작품들이 대부분 이해되지 못하는 이유다. 그는 영광스럽게도 라블레처럼 사제이며, 라블레처럼 모든 것을 비웃는다. 그러나 내 좁은 소견으로는, 그를 라블레라고 부르는 것은 그에게 매우 큰 실수를 하는 것이다. 라블레는 그의 과장되고 난삽한 책에서 더할 수 없는 명랑함과 엉뚱함을 펼쳐 놓고 박식과 추잡함·권태를 마구 휘두르고 있다. 두 페이지면 될 이야기가 여러 권의 어리석은 말로 표현되고 있다. 이 작품 전체를 이해하고 높이 평가한다고 뽐내는 이상한 취향을 가진 사람이 몇 사람 있을 뿐이다. 그 나머지 사람들은 라블레의 농담에 웃지만 그 책은 무시한다. 그를 으뜸가는 광대로 취급하며, 그처럼 재치가 많은 사람이 그 재치를 그렇게 형편없는 용도로 써버렸다고 화를 낸다. 그는 취했을 때만 글을 썼던 술 취한 철학자였다.

스위프트 씨는 양식을 갖추고 훌륭한 사람들과 어울려 살았던 라블레다. 사실 그는 라블레처럼 명랑함이 뛰어나지는 않지만, 뫼동의 주임사제였던 우리의 라블레에게는 없던 온갖 섬세함과 이성, 선택, 훌륭한 취향을 지녔다. 그의 운문은 독특하고 모방이 거의 불가능한 취향을 지녔는데, 멋진 해학이 운문에서나 산문에서나 자신의 것으로 되어 있다. 그를 잘 이해하기 위해서는 그가 살았던 나라로 여행을 좀 해야 한다.

포프 씨의 몇 가지 생각들을 여러분은 좀 더 쉽게 이해할 수 있을 것이다. 내 생각에 그는 영국 역사상 가장 우아하고, 가장 정확하며, 특히 가장 조화로운 시인이다. 그는 영국 트럼펫의 째지는 바람 소리를 부드러운 플루트 소리로 바꿔 놓았다. 그는 아주 명확하고 그가 다루는 대부분의 주제가 일반적이며 모든 나라 사람들의 관심거리이기 때문에 우리는 그의 작품을 번역할 수 있다.

프랑스에서도 머지않아 레넬 신부가 그의 비평 에세이를 운문으로 번역하여 소개할 것이다.[130)]

여기 〈곱슬머리〉라는 그의 시의 일부를 소개한다. 내 마음대로 번역했는데, 왜냐하면 한 번 더 말하거니와 단어를 단어로 바꿔 놓는 번역보다 더 몹쓸 짓은 없기 때문이다.

시무룩한 늙은 난쟁이, 움브리엘은
무거운 한쪽 날개를 끌고, 찌푸린 표정으로
중얼대면서 깊숙한 동굴을 당장 찾아갔다.
세상의 눈이 발산하는 부드러운 빛과는 멀리 떨어진 그곳,
안개의 여신은 그곳을 거주지로 삼고 있었다.
비탄에 잠긴 아킬롱들이 주위에서 휘파람을 부니,
그들의 메마른 숨결 실린 병든 바람소리가

부근에 열과 두통을 가져온다.

호사스런 소파 위, 병풍 뒤에서

불꽃과 소음과 말소리와 바람으로부터 멀리 떨어져

변덕스러운 여신은 끝없는 휴식을 취하고 있다

근심으로 부은 심장은 그 원인을 모르는 채

결코 생각하지 않으니 정신은 언제나 어지럽다.

짓눌린 눈, 창백한 안색과 부풀어오른 늑골

헐뜯기 좋아하는 시샘의 여신이 그녀 곁에 앉아 있다.

늙은 여자 귀신, 늙어빠진 동정녀가

자기 이웃을 찢어죽이는 독실한 신자의 태도로

손에는 복음서를 들고 사람들을 노래하는데[131]

무심히 고개 숙인 꽃들이 만발한 침상에

한 젊은 미인이 늙은 귀신으로부터 멀지않은 곳에 누워 있다.

말할 때 목을 굴리는 그녀는 애정의 여신,

귀 기울이지 않고 듣고, 바라보며 추파를 던진다.

그녀는 정숙함 없이 얼굴을 붉히고 기쁨 없이 모든 것에 웃고,

자신은 수많은 악덕의 포로라고 주장한다.

연지 곤지 밑으로 건강이 넘치는데

나긋하게 신세를 한탄하며 기교를 부리며 황홀해한다.

이 빈약한 번역을 읽는 대신에 원본을 읽는다면 〈성가대〉라는 시 속에 나오는 몰레스의 묘사와 비교할 수 있을 것이다. [132]

영국 시인들에 대해서는 이 정도면 될 것 같고, 영국의 철학자들에 대해서는 조금 언급했었다. 훌륭한 역사가들에 관하여 나는 아

직 잘 모르는데, 어떤 프랑스인이 그들의 역사를 썼어야만 했다.[133] 어쩌면 영국의 정신은 냉정하거나 과격하여 아직 역사의 고상하고 단순한 분위기와 소박한 유창함을 파악 못했을지도 모르겠고, 또 혼란스럽게 만드는 당파 정신이 있어서 그들의 역사가들을 모두 믿지 못할지도 모른다. 그들 국민의 절반은 언제나 나머지 절반의 적이다. 나에게 말보로 경이 겁쟁이라고 말하는 사람도 보았고, 마치 프랑스에서 어떤 예수회파 신자들은 파스칼을 시시한 사람으로 보고, 어떤 얀세니즘 신자들은 부르달루 신부를 수다쟁이에 불과하다고 보듯이 포프 씨를 바보라고 말하는 사람도 보았다. 마리 스튜어트는 제임스 2세 당원에게는 거룩한 여걸이고, 다른 사람들에게는 방탕한 여인이며 간부이고 살인자이다. 이처럼 영국에는 반박문만 있고, 역사는 없다. 현재는 타키투스[134]의 훌륭한 번역자이며 제 나라 역사를 잘 기술할 수 있는 고든 씨 같은 사람도 있는데, 라팽 드 투아라 씨가 그것을 예견했다. 요컨대 영국인들은 우리만큼 훌륭한 역사가를 갖지 못하고 있고 진정한 비극도 없지만 매혹적인 희극과 감동을 주는 시 몇 편, 그리고 인류의 스승이 될 철학자들을 가지고 있다.

영국인들은 프랑스어로 된 저서에서 많은 것을 이용했다. 그들에게 빌려주었으니 이제는 우리가 그들에게서 빌려와야 한다. 영국인도 프랑스인도 모두, 어쨌거나 우리의 스승이었지만 프랑스인이 어떤 점에서는 앞질렀던 이탈리아인들보다 후대에 나타났다. 이 세 나라 사람들 중에서 누가 제일 나은지는 알 수 없지만, 그들의 서로 다른 장점을 느낄 수 있는 사람은 행복할지어다!

문인들의 처우에 관하여

영국이나, 이 세상 다른 어떤 나라에서도 프랑스에서처럼 미술에 우호적인 기관들을 찾아볼 수 없다. 세계 도처에 대학들이 있지만 천문학, 수학의 모든 분야, 의학의 모든 분야, 고대 연구, 회화, 조각, 건축에 유익한 장려 기관들을 볼 수 있는 곳은 오직 프랑스뿐이다. 루이 14세는 이 모든 것을 설립한 공으로 영원히 추앙받을 터인데 영원불멸의 대가로 그는 1년에 20만 프랑도 들지 않았다.

지구의 경도에 관한 아주 어려운 발견을 하는 사람에게 2만 기니를 주겠다고[135] 약속한 영국 의회가 예술에 대한 위용에 있어서 루이 14세를 모방할 생각을 하지 않았다는 것이 솔직히 말하면 나로서는 놀라운 일이다.

사실 영국에서는 훌륭한 업적에 대해서는 국가를 위해 더욱 명예로운 다른 보상들이 주어지고 있다. 이 나라 사람들이 재능에 대해 존경심을 품고 있는 만큼 재능 있는 인간은 언제나 재산을 모은다. 애디슨이 프랑스에서였더라면 아카데미회원이 되었을 것이고, 몇몇 부인들의 보증으로 1,200리브르의 연금을 받았을지 모른다. 아니 오히려 그의 비극 작품 《카토》에서 고위 인사의 문지기에 어울리지 않는 몇 가지 표현들을 찾아내서 그것을 구실삼아 시비를 걸었을지 모르겠다. 영국에서 그는 국가 대신이었다. 뉴턴은 왕립조폐국의 감독관이었고, 콘그리브 씨는 중책을 맡았었으며, 프라이어 씨도 전권의원이었다. 스위프트 박사는 아일랜드의 승원장으로서 대주교보다도 훨씬 좋은 대접을 받았다. 포프 씨는 종교 때문에 요직을 맡을 수는 없다 해도[136] 적어도 그의 호메로스 번역이 20만 프랑을 받지 못했던 것은 아니다. 나는 오래전에 프랑스에서 《라다미스트》의 저자[137]가 굶어죽을 지경에 이른 것을 보았다. 그리고 프랑스가 낳았던 가장 훌륭한 인물 가운데 한 사람의 아들은[138] 부친의 길을 따르기 시작하였지만, 파공 씨가 아니었더라면 빈곤에서 헤어나지 못했을 것이다. 영국에서 예술을 가장 고무시키는 것은 바로 예술이 있는 자리에 대한 관심이다. 수상의 초상화는 집무실의 벽난로 위에 있지만, 포프 씨의 초상화는 내가 본 것만 스무 집이다.

뉴턴 씨는 생전에 영광을 누렸으며, 사후에도 마치 예정된 일인 양 영광을 누렸다. 국가의 주요 인사들이 그의 운구를 호송할 때 서로 관포[139]를 들겠다고 실랑이를 벌였다. 웨스트민스터 사원으로 들어가 보시라. 그곳은 경배받는 왕의 묘지가 아니라 국가의 영광에 이바지한 훌륭한 사람들을 국가가 감사하기 위해 세운 기념관이다. 아테네에서 소포클레스와 플라톤의 조각을 보듯이 거기서는 그들의 조각을 볼 것이다. 이 영광스러운 기념관을 한번 보고 나면 정신이 고무되고, 훌륭한 사람으로 자랄 것이 틀림없다.

우리는 영국인들이 단순한 재능에 지나치게 많은 명예를 부여한다고 비난하기까지 한다. 유명한 희극배우 올드필드 양을 뉴턴과 맞먹는 명예로 웨스터민스터 사원에 안치했다고 또다시 논란이 일고 있다. 어떤 이들은 영국인들이 이 여배우를 기념할 정도로 그렇게 명예롭게 하는 것은 르쿠브뢰르 양의 시체를 쓰레기장에 버린 우리를 비난하고,[140] 그 야만적이고 비열한 불의를 우리가 더욱 절실하게 느끼게 하려는 것이라는 주장을 펴기도 하였다.

그러나 내가 여러분에게 확실히 말하거니와, 영국인들이 올드필드 양의 장례를 그들의 생드니[141]에서 치른 것은 오직 그들의 취향에 따른 것이다. 그들은 소포클레스와 유리피데스의 예술을 모욕할 생각은 추호도 없고, 그들의 조국을 명예롭게 한 작품들을 그들 앞에서 암송하는 재주를 부여받은 사람들을 시민들의 육신과 떼어 놓을 마음도 전혀 없다.

찰스 1세 시대, 결국은 그들도 희생자가 되고 말았던 광신적 엄격주의자들에 의해 촉발된 내란 초기에, 사람들은 연극에 반대하는 글을 많이 썼는데 찰스 1세와 우리의 위대한 앙리 대왕의 딸[142]인 그의 왕비가 연극을 무척이나 좋아하였던 만큼 더욱 그러하였다.

프린이라는 이름의 어떤 박사는 모든 과도함에 대해 꼼꼼하게 따지는 사람이다. 만일 짧은 외투 대신에 긴 수단[143]을 입었더라면 지옥에 떨어졌을 거라고 믿었을 사람이며, 인류의 절반이 신의 영광을 위해 나머지 절반을 죽였으면 하고 원했을 인물인데, 그는 매일 왕과 왕비 앞에서 순진하게 공연되는 제법 괜찮은 희극들을 비판하는 대단히 못된 책을 쓰려 했다. 그는 랍비의 권위와 성 보나벤투라의 몇 구절들을 인용하여 소포클레스의 오이디푸스가 악마의 작품이고, 테렌스는 파문된 자라는 것을 증명하려 했다. 매우 엄격한 얀센주의자였던 부루투스는 대사제였던 시저가 오이디푸스 같은 비극을 쓰지 않았더라면 시저를 암살하지 않았으리라고 덧붙였다. 마침내 그는 연극을 관람하는 사람은 모두가 그들의 성유와 세례를 부인하는 파문된 자였다고 말하기에 이르렀는데, 그것은 왕과 왕실 가족 전체를 모욕하는 것이었다. 영국인들은 그 당시 찰스 1세를 존경하고 있었으므로, 훗날 비록 그들이 참수했지만, 이 왕자의 파문에 대해 말하는 것을 용서하려 하지 않았다. 프린 씨는 의회에 불려 나가서 귀가 잘리고, 사형집행인의 손에 그의 근사한 책이 불태워지는 것을 보아야 했는데,[144] 그의 재판은 공공 기록에서 읽을 수 있다.

이탈리아에서는 오페라를 시들지 않게 하고, 세네지노 공이나 쿠조니 부인을 파문하지 않도록 조심하고 있다. 감히 나는 바라거니와, 프랑스에서 연극에 반대하여 출판된 이름 모를 못된 책들[145]을 없앨 수 있었으면 좋겠다. 왜냐하면 이탈리아인과 영국인들이 우리가 뛰어나게 발전시켰던 예술을 엄청나게 모욕하여 쇠퇴시켰고, 수녀원이나 수도원에서 공연되었던 연극을 불경한 것으로 단죄했고, 루이 14세와 루이 15세가 배우로 나왔던 연극을 모독했으며, 덕망 있는 왕비[146] 앞에서 상연되었고 매우 엄격한 법관들이 검열한 작품들을 악마의 작품으로 선언했다는 것을 알게 된다면, 이런 무례와 왕실의 권위에 대한 존중이 없다는 것을 외국인들이 알게 된다면, 우리가 기독교적인 엄격함이라 부르는 이 중세적인 야만성을 알게 된다면, 그들은 우리 나라를 어떻게 생각하겠는가? 그렇게 불경하다고 선고된 예술을 우리의 법이 허용하고 있으며, 혹은 법으로 허용되고, 군주에게 상을 받고, 훌륭한 사람들이 가꿔 오고, 여러 나라가 찬탄한 예술을 그렇게 불경하다고 낙인찍는 것을 어떻게 생각할 것인가? 라신, 코르네유, 몰리에르가 써낸 불멸의 저작들 바로 옆에서 우리 연극에 반대하는 르 브룅 신부의 과장된 글을 같은 서재에서 보게 된다면 어떻게 생각하겠는가?

아카데미에 관하여

영국인들은 우리보다 훨씬 앞서서 과학아카데미를 설립했지만[147] 영국의 과학아카데미가 우리보다 잘 정립되지는 못했는데, 그 유일한 이유는 영국의 아카데미가 우리보다 오래되었기 때문이다. 왜냐하면 파리의 아카데미보다 나중에 만들어졌다면 몇 가지 지혜로운 법칙을 차용하여 나머지를 완벽하게 만들었을 것이기 때문이다.

런던의 왕실협회는 인간에게 가장 필수적인 두 가지, 즉 보상과 규칙이 결핍되어 있다. 파리에서는 기하학자나 화학자가 아카데미에 한자리를 얻는다는 것이 확실한 작은 행운이지만 오히려 런던에서는 왕실협회의 회원이 되기 위해서 돈을 내야 한다. 영국에서는 누구든지 "나는 예술을 사랑한다"고 말하고, 협회 가입을 원하면 당장 가입이 된다.[148] 그러나 프랑스에서는 아카데미의 회원이 되기 위해서는 아마추어 자격으로는 충분하지 않고 학자가 되어야 하며, 경쟁자와 자리를 다투어야 한다. 명예, 이해 관계, 어려움 그 자체, 또 대체적으로 계산학의 완고한 연구가 가져오는 정신의 경직성 등이 여기에 작용하는 만큼 더더욱 만만치가 않다.

과학아카데미는 지혜롭게도 자연과학으로 한정하고 있는데, 사실 그 분야의 범위는 5,60명 되는 사람들이 충분히 자리를 차지할 만하다. 런던의 과학아카데미는 생각 없이 문학과 물리학을 섞어 놓았다. 내 생각으로는 혼동을 막고, 또 1백여 개의 새로운 곡선 옆에서 로마인의 머리 모양에 관한 논문을 보지 않으려면 문학을 위한 특수 아카데미를 두는 편이 더 나을 것 같다.

런던의 협회가 질서가 별로 없고 장려도 전혀 없는 데 비해 파리의 협회는 정반대여서 파리 아카데미 논문이 런던 아카데미 논문보다 우수한 것은 놀라운 일이 아니다. 잘 훈련되고 좋은 보수를 받는 군인들이 결국에는 지원병들을 이기게 되어 있다. 왕립협회에 뉴턴이 몸담았던 것은 사실이지만 협회가 그를 키워낸 것은 아니고, 뉴턴을 이해했던 동료들이 거의 없다시피 했다. 뉴턴과 같은 천재는 모두가 그로부터 배울 것이 많으니까 유럽의 모든 아카데미에 속한다고 봐야 한다.

유명한 스위프트 박사는 앤 여왕 치하 말년에 프랑스어 아카데미를 모델로 삼아 언어아카데미를 설립할 계획을 세웠다. 이 계획은 국고를 맡고 있는 옥스퍼드 백작의 후원을 받고 있었고, 더구나 스위프트 박사에게는 서재에서 글을 쓸 때처럼 정확하게 의회에서 즉석 연설을 할 수 있는 재능이 있어서 이 아카데미의 보호자이며 장식적인 인물이 될 수 있었을 총리대신, 볼링브로크 자작의 후원도 받고 있었다. 아카데미를 구성할 회원들은 영어가 살아 있는 한 그들의 저작도 살아남을 작가들이었다. 그들은 스위프트 박사, 영국에서 우리 나라의 라 퐁텐만한 명성을 누리고 있는 검찰총장 프라이어 씨, 영국의 부알로라 할 수 있는 포프 씨, 영국의 몰리에르라 부를 수 있는 콘그리브 씨, 그리고 지금 잘 생각나지 않지만 아카데미의 결성 당시 모임을 번성시켜 온 여러 사람들이다. 그러나 여왕이 갑작스럽게 서거하자 휘그당은 아카데미의 보호자들을 교수형에 처할 생각을 하였고, 이는 여러분이 알다시피 문학에 치명적이었다. 이 단체의 회원들은 프랑스 아카데미를 구성했던 초기 회원들보다 훨씬 우월했을 것이다. 왜냐하면 프라이어, 콘그리브, 드라이든, 포프, 애디슨 등은 그들의 저술로 영어를 정착시킨 데 비해 프랑스의 샤플랭, 콜르테, 카사뉴, 파레, 페랭,[149] 코탱 등 프랑스 아카데미의 초기 회원은 프랑스의 수치이기 때문이다. 그들의 이름은 조롱거리가 되어서 만약 어떤 작가가 샤플랭이나 코탱 같은 이름을 가졌다면 이름을 바꿔야 할 정도이다. 특히 영국 아카데미는 우리나라와는 아주 다른 일을 하도록 제안했을 것이다. 어느 날 이 나라의 훌륭한 인사 하나가 내게 프랑스 아카데미의 논문집을 요청해 왔는데, 나는 "그들은 논문집을 쓰지 않습니다. 하지만 축사는 60편 내지 80편 출판하고 있습니다"라고 대답했다. 그가 프랑스의 논문 한두 편을 구해 보았지만, 우리의 모든 훌륭한 저자들의 글을 잘 이해하는 사람인데도 불구하고 그 문체를 전혀 이해할 수 없었다.

"이 근사한 연설들에서 내가 언뜻 본 것이라고는……" 하며 그가 내게 말했다. "전임자가 훌륭한 사람이었다, 리슐리외 추기경이 제법 훌륭한 사람이었다, 루이 14세는 훌륭한 사람 이상이었다고 신입회원이 힘주어 말하면, 회장이 똑같이 답하면서 신입회원도 그런 훌륭한 사람이 될 수 있을 거라고 한마디 더하고 회장으로서 자신은 자기 몫을 다하지 못했다고 부언하더군요."

거의 모든 연설들이 운명적으로 어쩔 수 없다는 듯이 이 단체를 그다지 명예롭게 하지 못했다고 말하는 걸 종종 본다. 한 인간의 악덕이라기보다는 한 시대의 악덕이다(vitium est temporis potius quam homminis).[150] 이런 관습이 자신도 모르게 생겨나서 모든 아카데미 회원들은 가입 인사에서 이런 찬사를 되풀이할 판인데, 그것은 사람들을 지루하게 만드는 일종의 법칙 같은 것이다. 이 단체에 들어왔던 훌륭한 천재들이 때로 가장 저질의 지루한 연설을 하고 말았던 이유가 궁금하다면, 그 까닭은 그들이 빛나고 싶어했기 때문이며 아주 낡은 주제를 새롭게 취급하려고 한 까닭이라고 생각하면 더 쉽다. 말해야 할 필요성, 아무 할 말이 없다는 당황함, 재치를 부리려는 욕망 이 세 가지는 가장 훌륭한 사람조차도 우스꽝스럽게 만들어 버리는 원인이 된다. 새로운 생각을 찾아내지 못한 그들은 새로운 기교를 찾아내서 마치 입에 아무것도 넣지 않고 우물거리던 사람이 영양실조로 죽어가면서도 먹고 있는 척하듯이 생각 없이 말했던 것이다.

프랑스 아카데미가 이런 모든 연설을 출판하고, 오직 연설을 통해 알려지는 것을 법칙으로 하는 대신 그것을 출판하지 않는 것이 법칙이 되어야 할지도 모른다.

문학아카데미는 더 지혜롭고 더 유용한 목표를 제시하였는데, 그것은 관심을 끄는 연구와 비평이 가득한 논문집을 사람들에게 보여주는 것이다. 이 논문집은 이미 외국에서 평가받고 있는데, 우리는 모음집을 통해 몇 가지 주제들이 더 심화되기를 바랄 뿐이며 쓸데없는 것들은 취급되지 않기를 기대할 따름이다. 예를 들면 왼손에 비해 오른손이 누리는 특권에 대한 어떤 논문 같은 것[151]은 없어도 되지 않을까 싶고, 또 어떤 다른 논문 제목들은 좀 덜 우습기는 하지만 여전히 보잘것없다. 과학아카데미는 더 어렵고 피부에 더 와 닿는 유익한 연구 안에 자연에 관한 지식과 예술의 완전함을 담고 있다. 심오하고 계속적인 연구, 정확한 계산, 섬세한 발견, 드넓은 시야가 세계의 선에 이바지할 어떤 것을 마침내 창출해내리라 믿게 된다.

이미 지금까지 우리가 함께 보아 왔듯이, 제일 유용한 발견은 가장 야만적인 시대에 이루어졌다. 가장 계몽된 시대와 가장 학식 높은 단체가 할 일이란 무지한 사람들이 발명한 것에 대해 이치를 따지는 일인 듯싶다. 오늘날 휘겐스 씨와 르노 씨가 오랜 토론 끝에 배의 용골과 키 사이의 가장 유리한 각도를 결정할 줄 알게 되었지만, 크리스토퍼 콜롬버스는 이 각도를 전혀 생각하지 않고도 아메리카를 발견하였다.

이 사실로부터 내가 오직 맹목적인 실용만을 고집하는 결론을 내리려는 것은 결코 아니지만 물리학자와 기하학자가 가능한 한 사변에 실용을 접합시켰으면 좋겠다. 인간 정신을 최고도로 명예롭게 하는 것이 가장 실용적이지 못한 것이어야 할까? 계산의 4법칙과 상식만 갖춘다면 자크 쾨르 같은 사람, 델메 같은 사람, 베르나르 같은 사람[152]이 될 수 있고, 훌륭한 협상가도 되는 반면에 가엾은 대수학자는 숫자들 속에서 신기하기는 해도 쓸모없는 관계와 속성에 관한 연구로 일생을 보내는데, 그런 것들은 그에게 변화가 무엇인지를 전혀 가르쳐 주지 못할 것이다. 모든 예술이 거의 이러해서 어떤 지점을 지나면 오직 호기심을 채우기 위해 연구하게 되는 지점이 있다. 교묘하나 쓸모없는 진리들은 우리에게서 너무 멀리 떨어져 있는 별과 같아서 우리에게 빛을 밝혀주지 못하는 법이다.

프랑스 아카데미가 해마다 축사를 출판하는 대신에 루이 14세 시대의 훌륭한 저작들을, 그 시대 언어의 모든 잘못된 점을 바로잡아 출판한다면 문학, 언어, 국가에 어떤 도움이 되지 않겠는가? 코르네유와 몰리에르는 언어의 오류로 가득하고, 라 퐁텐도 오류가 넘친다. 우리가 고칠 수 없는 오류들은 적어도 표시는 해야 할 것이다. 이들의 작품을 읽는 유럽인은 그들을 통해 프랑스어를 확실하게 배울 것이다. 언어의 순수성은 결코 고정적이지 않을 수 있다.

왕이 낸 비용으로 정성껏 출판된 훌륭한 프랑스어 책들은 가장 영광스런 국가 기념물 가운데 하나가 될 것이다. 예전에 데프레오 씨가 이런 제안을 하였으며 총명함과 지혜, 건전한 비판 의식이 있는 어떤 사람에 의해 쇄신되었다고 들었다. 그러나 그 생각은 다른 많은 유용한 계획들의 운명이라고 할 만한 것, 즉 승인된 다음에 홀대받는 운명을 감수하게 되었다.

파스칼 씨의 《팡세》에 관하여

오래전부터 파스칼 씨의 《팡세》[153]에 관해 내가 썼던 비판적인 글들을 상기해 주기 바란다. 제발 여기서 나를 솔로몬의 모든 책들을 불사르게 한 에제키아와 비교하지는 말기 바란다. 나는 파스칼 씨의 재능과 글솜씨를 존경하지만, 존경하면 할수록 그가 나중에 검토하려고 종이 위에 되는 대로 써서 던져 놓은 이러한 많은 생각들을 그가 스스로 교정했어야 한다는 확신이 든다. 그의 생각들 몇 가지를 비판하는 것도 그의 재능에 감탄하면서 그리하는 것이다.

파스칼 씨가 이러한 팡세를 쓴 바탕은 혐오의 빛으로 인간을 비춰 보려는 사상이었다고 여겨진다. 그는 우리 모두를 사악하고 불행한 사람으로 그려 보이려고 애쓰고 있다. 그는 예수회파에 대항하여 글을 쓸 때처럼[154] 대부분 인간 본성에 대항하여 글을 쓰고 있으며, 어떤 사람에게만 해당되는 것을 인간 본성의 본질 탓으로 돌리고 있다. 그는 인간에게 모욕이 되는 말을 유창하게 하고 있는데, 나는 감히 이 숭고한 염세주의자에 반대하여 인간성의 편을 들고자 한다. 우리는 그가 말하듯이 그렇게 사악하지도 않고, 그렇게 불행하지도 않다고 나는 감히 확신한다. 그가 명상했던 책에서, 《팡세》

에 나타난 의도대로 따라갔더라면 유려한 궤변과 근사하게 추론된 거짓이 가득 찬 책을 쓰게 되었으리라는 생각을 더욱 굳히게 된다. 기독교를 증명하기 위해서 최근 집필된 모든 책들은, 기독교를 돈독히 하기보다 오히려 파문을 불러일으킬 수 있다는 생각이 들 정도이다. 그 저자들은 예수 그리스도와 사도들보다 더 많이 알고 있다고 주장하는 것일까? 그것은 떡갈나무를 갈대로 둘러싸서 지탱하려는 것인데, 갈대를 치워 버려도 떡갈나무에게 잘못할 일은 없다.

나는 조심스럽게 파스칼 씨의 몇 가지 '단상(팡세)'을 택해서 아래쪽에 내 견해를 적는다. 내가 틀렸는지 옳은지 판단은 여러분의 몫이다.

1 [139] 인간의 위대함과 비참은 이토록 확연한 것이므로, 진정한 종교라면 인간 속에 위대함과 비참함의 어떤 큰 원리가 동시에 존재하고 있음을 반드시 우리에게 깨우쳐 주어야 할 것이다. 왜냐하면 진정한 종교는 우리의 본성을 속속들이 파악하고 있어야 하기 때문이다. 다시 말해서 우리의 본성이 지닌 모든 위대함과 비참함을 알고, 또 그 양자의 이유를 알아야 하기 때문이다. 또한 서로 상충하는 놀라운 모순의 이유도 밝혀 주어야만 할 것이다.

이러한 추론 방식은 잘못된 것이고 위험스러워 보인다. 왜냐하면 프로메테우스와 판도라의 우화, 플라톤의 안드로기노우스, 샴족의 교리도 파스칼 못지않게 이런 표면상의 모순을 잘 설명해 주고 있기 때문이다. 재치를 뽐낼 뿐인 이런 기발한 결론을 끌어낸다고 해서 기독교가 더 진실해지지는 않을 것이다.

기독교는 단순함, 인도주의 정신, 자비심을 가르칠 뿐이다. 기독교를 형이상학으로 축소시키려 하는 것은 오류의 근원을 마련하는 것이다.

2 [139] 이런 점에 관해 이 세상의 모든 종교를 관찰하고, 그런 점을 만족시켜 주는 종교가 기독교 외에 또 있는가를 살펴보기 바란다.

우리 안에 있는 선이 선 전체라고 말하는 철학자들이 가르쳐 주는 종교가 그러한 종교일까? 그것은 진정한 선일까? 그들은 우리들의 악에 대한 처방을 발견했을까? 인간을 신과 대등하게 만드는 것이 인간의 자만을 치유한 것일까? 또 우리를 동물과 대등하게 만들어 선 전체 대신 지상의 쾌락만을 우리에게 주려는 자들은 우리의 탐욕에 대한 처방을 가져다 준 것일까?

철학자들은 종교를 가르치지 않았으므로 비난해야 할 것은 그들의 철학이 아니다. 철학자들은 한번도 자신이 신으로부터 영감을 받았다고 생각한 적이 없다. 그렇게 생각한다면 그 순간부터 그는 철학자이기를 그만두고 예언자가 되었을 것이기 때문이다. 예수 그리스도가 아리스토텔레스보다 우월한지 아닌지 아는 것이 문제가 아니라 예수 그리스도의 종교가 진짜라는 것을 증명하고 마호메트교, 이교, 그리고 다른 모든 종교들이 가짜라는 것을 증명하는 것이 문제인 것이다.

3 [122] 그러나 모든 것 가운데 가장 불가사의한 이 신비 없이는 우리도 우리 자신에게 불가사의한 존재가 되고 만다. 우리 인간

조건의 매듭을 푸는 열쇠는 원죄의 심연 속에 깊이 숨겨져 있다. 그리하여 이 신비가 없다면 인간은 그 신비가 인간에게 불가사의한 정도 이상으로 더욱더 불가사의한 존재가 되고 만다.

"이 불가사의한 신비가 없다면 인간은 불가사의한 존재"라고 말하는 것이 논리적으로 타당한가? 어째서 성서보다 더 많은 것을 말하려고 하는가?[155] 성서가 지지 의견을 필요로 한다고 보고, 이러한 철학적 생각들이 지지가 될 수 있다고 믿는 것은 무모한 것이 아닐까?

다음과 같이 말하는 사람이 있다면 파스칼 씨는 무어라고 대답했을까? "나는 원죄의 신비는 내 신앙의 대상이지 이성의 대상이 아니라고 알고 있습니다. 나는 신비 없이도 인간이 어떤 존재인지 아주 잘 이해됩니다. 나는 인간이 다른 동물들과 마찬가지로 이 세상에 태어났으며, 어미가 우아할수록 분만은 더욱 고통스러운 것이어서 때로 여인들이나 동물의 암컷들은 분만중에 죽기도 한다는 것을 알고 있습니다. 때로는 장애를 지닌 아이가 태어나서 한두 가지 감각 기능이 없거나 추론 능력 없이 살아가기도 하고, 최선의 상태로 태어난 아이들은 아주 생기 넘치는 정열을 지닌 아이들이며, 자기애는 모든 인간에게 똑같고 오감과 마찬가지로 인간에게 필요한 것이라는 것을 알고 있습니다. 자기애는 우리 존재를 보존하기 위해 신으로부터 부여받은 것이고, 신은 이 자기애를 규제하도록 우리에게 종교를 주었으며, 우리 육체의 기관이 견고하고 연약한 정도에 따라, 그리고 우리가 정열적인 정도에 따라 우리의 생각은 정당하거나 황당하고, 모호하거나 빛난다는 것을 알고 있습니다. 우리는 모든 면에서 우리를 에워싼 공기와 우리가 취하는 음식에 의존하고 있으며, 이 모두에 모순될 것은 전혀 없다는 것을 알고 있습니다. 인간은 당신이 생각하는 것처럼 답을 찾아내는 기쁨을 누리려는 수수께끼가 아닙니다. 인간이 자연 안에서 차지하고 있는 자리는 육체 기관이 비슷한 동물들보다는 우월하고, 비슷하게 사고할 수 있을지 모를 다른 존재들보다는 열등해 보입니다.[156] 우리가 보는 모든 것과 마찬가지로 선과 악, 기쁨과 고통은 뒤섞여 있습니다. 행동하기 위해서는 정열이 있어야 하고, 행동을 다스리기 위해서는 이성이 있어야 합니다. 만일 인간이 완전하다면, 그는 신일 것이며, 당신이 '모순'이라고 불렀던 저 상반되는 요소들은 그러한 존재여야 할 인간을 이루는 데 필요한 성분입니다."

4   [139, 536] 우리의 행위를 추적하여 우리 스스로 우리 자신을 관찰해 보고, 거기서 그 두 가지 본성의 생생한 특징을 발견할 수 없는지 살펴보자. 그렇게 많은 모순들이 어떻게 단순한 일개 주체 속에 있는 것일까? 인간의 이러한 이중성은 너무나도 확연해서 우리 인간이 두 개의 영혼을 가지고 있다고 생각한 사람들도 있을 정도이다. 단순한 일개 주체가 그렇게 한순간에 과도한 자만으로부터 끔찍한 절망으로 곤두박질칠 수는 없다고 여겨지기 때문이다.

우리의 다양한 의지는 결코 본성 안의 모순이 아니며, 인간은 단순한 일개 주체가 아니다. 인간은 수많은 기관으로 구성되어 있어서 만일 이러한 기관들 중 하나가 약간만 변질되어도 뇌의 모든 인상들을 바꿔야 하고, 동물은 새로운 사고와 새로운 의지를 갖춰야 한다. 우리가 어떨 때는 슬픔으로 무너지고, 어떤 경우 자만으로 부풀어 있는 것은 사실이지만 그런 것은 우리가 반대되는 상황에 처하게 되었을 때이다. 주인이 쓰다듬어 주고 먹이를 주는 동물과 해부하기 위해 천천히 익숙하게 목을 조르는 동물은 아주 반대되는 감정을 맛본다. 우리도 마찬가지다. 우리 안에 있는 차이는 그리 모순되는 것이 아니어서 그런 것이 없다면 오히려 모순일 것이다.

우리가 두 개의 영혼을 지녔다고 말하는 미치광이들은 같은 이유로 우리에게 서른 개 혹은 마흔 개의 영혼을 부여할 수도 있다. 왜냐하면 한 사람이 크나큰 정열을 지니고 있을 때 같은 사안에 대해 서른 개, 마흔 개의 다른 생각을 갖기 때문이다. 그러나 그가 보기에 그 사안이 여러 양상을 띠는 것이라면 반드시 다른 생각을 해야 하는 것이다.

이른바 인간의 이중성이란 형이상학적인 만큼 불합리한 생각이기도 하다. 물기도 하고 꼬리도 치는 개는 이중적이고, 병아리일 때는 정성껏 돌보다가 후에는 자기 새끼를 못 알아보고 내팽개치는 암탉은 이중적이며, 다른 사물들을 동시에 보여주는 거울은 이중적이고, 어떤 때는 잎이 무성하다가 어떤 때는 앙상해지는 나무는 이중적이라고 말해야겠다. 나는 인간이 불가사의한 존재라는 것을 인정하지만 자연의 다른 모든 존재들도 마찬가지며, 다른 존재들보다 인간 안에 더 많이 눈에 띄는 모순이 있는 것은 아니다.

5 [397] 신이 존재한다는 쪽에 내기를 걸지 않는 것은 신이 존재하지 않는다는 편에 내기를 거는 것과 같다. 그렇다면 당신은 어느 편에 내기를 걸겠는가? 신이 존재한다는 편에 내기를 걸어서 잃

는 것과 얻는 것을 비교해 보자. 만일 내기에 이긴다면 당신은 모든 것을 얻게 될 것이고, 만일 진다 하더라도 잃는 것은 아무것도 없는 것이다. 그러니 주저 말고 신이 존재한다는 편에 내기를 거시오. — 좋소. 내기를 걸어야 하지만 너무 많이 거는 것 같소. — 보시오! 이기고 지는 확률이 똑같은 이상, 하나에 걸어서 얻을 수 있는 목숨이 두 개라면 당신은 한번 더 내기를 할 수 있을 것이오.

신이 존재한다는 편에 내기를 걸지 않는 것은 신이 존재하지 않는다는 편에 내기를 거는 것과 같다는 것은 분명 틀린 말이다. 왜냐하면 의심하며 분명한 증거를 요구하는 사람은 틀림없이 이쪽에 걸거나 저쪽에 걸지 않기 때문이다.

게다가 이 대목은 약간 무례하고 유치해 보이는데, 얻느냐 잃느냐 내기를 한다는 생각은 주제의 무거움에 비할 때 전혀 어울리지 않는다.

특히 어떤 사물이 존재한다고 믿어서 얻게 되는 이익이 그 사물이 존재한다는 증거가 되는 것은 아니다. 당신 말이 옳다고 내가 믿으면 이 세상의 왕국을 주겠노라고 당신이 내게 말했다 치자. 그러면 나는 당신 말이 옳기를 진심으로 바라지만 당신이 내게 증명할 때까지 나는 당신을 믿을 수 없다.

내 이성을 납득시키는 것으로 시작하라고 파스칼 씨에게 말할 수 있을 것이다. 물론 신이 있다는 것이 내게 이롭지만, 당신의 체계 속에서는 신은 극소수의 사람들에게만 나타나셨는데 선택받은 소수의 사람들이 그토록 어마어마한 사람들이고, 나 스스로 할 수 있는 일이 전혀 없다면, 내가 당신 말을 믿는 것이 내게 무슨 이득이 되는지를 부디 말해 주기 바란다. 내가 그 반대를 믿게 되면 눈에 보이는 이득이 없는 것인가? 백만 명 가운데 한 명이 간신히 누릴까 말까 한 무한한 행복을 어떻게 감히 당신은 내게 보여주려는가? 나를 납득시키고 싶다면 다른 방법을 취하고, 도박이니 내기니 동전의 앞면이니 뒷면이니 하지 말고, 내가 가려는 길이나 내가 가야할 길 위에 가시덤불을 심어 놓고 우리를 겁주지 마시라. 자연 전체가 오묘함이 지닌 나약함 못지않게 우렁찬 힘을 지닌 목소리로 신이 존재한다고 우리에게 외치지 않는다면 당신의 논리는 무신론자를 만들어내는 데 쓰일 뿐이다.

6 [184] 인간의 맹목과 비참과 그의 본성 속에서 발견되는 놀라운 모순들을 보면서, 그리고 침묵을 지키는 온 우주와, 우주의 이 한구석에서 길을 잃은 듯 누가 이곳에 데려다 놓았는지, 무엇을 하러 왔는지, 죽으면 어떻게 될지도 모르는 채 자기 자신에게 내던져진, 빛이라고는 전혀 없는 인간을 보면서 나는 무서운 외딴 섬에 잠든 채 실려와서 잠이 깨자 그곳이 어딘지도 모르고, 그곳에서 빠져나갈 방도도 모르는 사람처럼 공포에 떨게 된다. 그리고 그 점에 있어서 나는 사람들이 그 비참한 상태에서 어떻게 절망에 빠지지 않는지 놀라게 된다.

이 명상을 읽고 있을 때, 나는 몹시 외딴 곳에 살고 있는 한 친구로부터 편지 한 통을 받았다. 다음은 그의 이야기다.

"나는 자네가 나를 두고 떠날 때 그 모습 그대로 여기서 지내고 있소. 더 즐거울 것도 없고, 더 슬플 것도 없이, 더 부유할 것도 없고, 더 가난할 것도 없이, 나무랄 데 없는 건강을 누리며 인생을 유쾌하게 만들어 주는 모든 것을 지니고, 사랑도 인색함도, 야망도 선망도 없이 말이오. 그런데 이 모든 것이 지속되는 동안 나는 감히 나를 매우 행복한 사람이라 부르겠소."

이 사람처럼 행복한 사람들이 많이 있다. 동물들과 마찬가지인 사람들도 있는데, 어떤 개는 자기 암캐와 잠자고 먹고 어떤 개는 꼬챙이를 굴리며 역시 만족해하고, 어떤 개는 발광하여 죽임을 당한다. 나로 말하면, 파리나 런던을 바라볼 때 파스칼 씨가 말한 것 같은 절망에 빠져들 이유를 도무지 모르겠다. 나는 외딴 섬과는 전혀 닮은 데가 없는, 사람들이 모여 살고, 호화롭고, 문명화된 도시를 보고 있는데 사람들은 거기서 인간 본성이 허락하는 한도껏 행복하게 살고 있다. 신을 마주 바라보듯이 알 수 없다고 해서, 그리고 그의 이성이 삼위일체의 신비를 파헤칠 수 없다고 해서 지혜로운 사람이 목을 매려고 하겠는가? 네 다리와 두 날개가 없다고 절망해야 할지도 모른다.

어째서 우리 존재 자체에 대해 우리가 두려움에 떨도록 만드는가? 우리 존재는 그가 우리에게 믿게 하려는 정도로 그렇게 불행한 것은 아니다. 세계를 감옥으로 보고, 모든 사람을 집행당할 죄수로 보는 것은 광신자의 생각이다. 세계를 인간이 기쁨만을 누리는 행복의 장소로 믿는 것도 향락가의 몽상이다. 땅과 인간과 동물은 섭리의 질서 안에 마땅히 있어야 할 곳에 있다고 여기는 것이야말로 지혜로운 인간의 생각이라고 믿는다.

7 [424] (유대인들은) 신이 다른 민족들을 이 암흑 속에 영원히

내버려두지는 않을 것이며, 모든 인간을 위한 구세주가 올 터인데, 그들은 그의 존재를 알리기 위해 이 세상에 존재하며 그 위대한 사건의 전령으로서, 그리고 모든 민족들을 불러모아 그 구세주를 기다리며 그 안에서 하나가 되도록 하기 위해 그들이 의도적으로 창조되었다고 생각한다.

유대인들은 언제나 구세주를 기다려 왔지만 그들의 구세주는 그들을 위한 구세주이지 우리를 위한 구세주가 아니다. 그들은 유대인들을 기독교도들의 주인으로 만들어 줄 메시아를 기다리고 있으며, 우리는 메시아가 언젠가 유대인들을 기독교도와 결합시켜 주기를 희망한다. 그들은 이 점에 있어서 우리가 생각하는 것과 정확하게 정반대로 생각하고 있다.

8   [421] 이 민족을 다스려 온 법은 그 전부가 이 세상에서 가장 오래되고, 가장 완전하며, 한 국가에서 단절 없이 항상 준수된 유일한 법이다. 이 사실을 유대인 필론이 여러 곳에서 밝히고 있고, 요셉도 아피온을 반박하고 있다. 필론은 그 법이 너무 오래된 것이어서 법이라는 이름조차도 천년 후에 가서야 알려졌던 까닭에, 그렇게 많은 민족에 대해 언급한 호메로스도 이 법을 한번도 이용한 적이 없다고 밝히고 있다. 이 법의 완벽함을 판단하는 데는 한번 읽어보면 충분하다. 매사에 지극한 지혜와 공정함과 판별력이 부여되어 있었으므로 통찰력이 있었던 로마와 그리스의 가장 오래된 입법자들은 그들의 기본법을 거기서 빌려왔다. 이 사실은 그들이 12 원탁이라 부르는 법률에 나타나 있으며, 요셉이 제시하는 다른 증거들

에도 나타나 있다.

  유대인의 법이 가장 오래되었다는 말은 아주 틀린 말이다. 유대
인의 입법자인 모세 이전에 그들은 이집트에서 살았는데, 이집트는
이 지구상에서 지혜로운 법으로 가장 유명한 나라이다.
  법이라는 명칭이 호메로스 이후에야 알려졌다는 것은 아주 틀린
말이다. 호메로스는 미노스의 법에 대해 말하고 있고, 법이라는 말
은 헤시오도스의 글에도 있다. 법이라는 명칭을 헤시오도스의 글에
서도, 호메로스의 글에서도 찾아볼 수 없다 해도 그것은 아무런 증
명도 되지 못할 것이다. 왕과 판관들이 있었으므로 법도 있었다.
  또 그리스나 로마인들이 유대인의 법을 택했다는 것도 틀린 말이
다. 그들의 공화국 초기에 그들은 유대인들을 알지 못했으므로 가
능하지 않은 일이고, 그들의 전성기에도 그들은 변방인들에게 온
세상이 다 아는 경멸을 품고 있었으므로 가능하지 않은 일이다.

  9 [422, 454] 이 민족은 성실성에 있어서도 감탄할 만하다. 모세
가 선언하기를 그들이 하느님에 대해 언제나 배은망덕했으며, 그의
사후에도 그러할 것이지만 하늘과 땅을 그들에 대한 증인으로 삼을
것이며, 이런 일들을 그들에게 충분히 말해 왔다고 하였고, 마침내
하느님은 그들에게 진노하여 세상 모든 민족들이 그들을 흩어지게
할 것이며, 하느님 아닌 신을 섬김으로써 하느님이 진노하여 하느
님은 그의 백성이 아닌 다른 백성을 택하고 그들에게 고통을 주리
라고 하였는데, 그런 말이 담긴 책을 그들은 사랑과 충실로써 보존
해 왔다. 여러 가지로 그들에게 불명예스러운 그 책을 그들은 목숨

을 걸고 보존해 온 것이다. 그것은 유례를 찾아볼 수 없는 성실성이며, 인간의 본성에도 뿌리가 없는 성실함이다.

이런 성실성은 어디서나 찾아볼 수 있으며, 오로지 본성에 뿌리를 두고 있다. 유대인들의 오만은 그들이 패망한 것이 그들의 잘못된 정치나 예술에 대한 무지, 거칢 때문이 아니라 그들을 벌하는 하느님의 분노 때문이라고 저마다 믿게 만든다. 그들은 그 노여움을 물리치기 위해서는 기적이 필요하며, 그들의 국가는 언제나 그들을 돌보는 하느님의 사랑을 받고 있다고 만족스럽게 생각한다.

한 설교자가 연단에 올라 프랑스인들에게 이렇게 말한다고 하자. "여러분은 비참합니다. 용기도 없고, 예절도 없습니다. 여러분들은 자신을 방어할 줄 몰랐기 때문에 획슈태트와 라미예에서 패배했습니다." 그는 돌에 맞아죽을 것이다. 그러나 그가 "여러분들은 하느님의 사랑을 받는 가톨릭교도입니다. 여러분의 불결한 죄가 영원하신 분을 노하게 하여 그분이 여러분을 획슈태트와 라미예에 넘겨주신 것입니다. 그러나 여러분이 주님에게 돌아갔을 때 그분은 드냉에서 여러분의 용기에 축복을 내리셨습니다." 이렇게 말한다면 청중들은 그를 사랑할 것이다.

10 [525] 신이 존재한다면, 신만을 사랑해야지 피조물을 사랑해서는 안 된다.

피조물들을 사랑해야 하며, 깊은 애정으로 사랑해야 한다. 자신의 조국, 아내, 어버이, 자식들을 사랑해야 하며, 신께서 우리도 모르는 사이에 우리가 그들을 사랑하도록 만든 만큼 깊이 사랑해야한다. 그와 반대되는 원칙은 야만적인 이론가를 만들 뿐이다.

11 [397] 우리는 저마다 자기 자신에만 애착을 가지므로 태어나기를 온당치 못한 성품으로 태어났다. 그것은 질서 전체에 위배된다. 일반적인 것에 애착을 가져야 할 것이다. 자신을 향하는 인간의 성향이 전쟁, 정치, 경제 등에 있어서의 모든 무질서의 시초가 된다.

그런 성향은 질서 전체에 따른 것이다. 한 사회가 자애심 없이 형성되거나 유지될 수 있다는 것 역시 불가능한 일이며, 애욕 없이 아이들이 태어날 수 없고, 식욕 없이 영양을 섭취할 수 없다. 타인에 대한 사랑을 도와주는 것은 우리 자신에 대한 사랑이며, 우리가 인류에게 유용한 것은 상호의 필요성에 의해서다. 이것은 모든 상업의 기초이며, 인간들의 영원한 관계이다. 자애심 없이는 독창적인 예술도 없고, 열 명으로 구성된 사회도 존재하지 못했을 것이다. 우리에게 타인의 자애심을 존중하도록 알려주는 것도 동물들이 저마다 본성으로부터 부여받은 이 자애심이다. 법은 이 자애심을 이끌어 가고, 종교는 그것을 완성시킨다. 오직 타인의 선에만 주의를 기울이는 피조물을 신이 만들 수 있었다는 것도 사실일 것이다. 이런 경우에 상인들은 자비심으로 인도에 갔을 것이고, 석공은 그의 이웃을 기쁘게 하려고 돌을 다듬었을 것이다. 그러나 신은 다른 방식으로 세상을 창조하셨다. 신이 우리에게 주신 본능을 문제삼지 말고, 신이 주문한 본능의 사용법을 만들어 가자.

12 [456] (예언의 숨겨진 뜻은) 잘못 해석될 수 없었다. 그것을 오해했던 민족이 그렇듯 물질적인 민족이 있었을 뿐이다. 풍요한 재산이 약속되었을 때, 그들의 탐욕이 그 재산의 의미를 지상의 것으로 한정하지 않았더라면 무엇 때문에 그것을 진정한 재산으로 이해하지 못했겠는가?

단언컨대, 이 지상에서 가장 영적인 민족이 그것을 다르게 이해했겠는가? 그들은 로마의 노예들이었고, 그들을 승리자로 만들어 주고 온 세계가 예루살렘을 존중하게 할 구세주를 기다리고 있었다. 그들의 이성에 비춰 볼 때 어떻게 십자가에 달린 가엾은 예수에게서 그런 정복자, 그런 왕의 모습을 볼 수 있었겠는가? 십계명이 영혼 불멸에 대해 한번도 그들에게 말해 주지 않았는데, 어떻게 그들이 그들의 도시 이름에서 천상의 예루살렘을 이해할 수 있었겠는가? 자신들의 율법에 그토록 집착하는 민족이 어떻게 초월적인 계시 없이 율법이 아닌 예언서에서, 할례받은 어떤 유대인이 새로운 종교를 말하며 유태 율법의 성스러운 토대인 할례와 안식일을 파괴하고 혐오하도록 만드는데 그의 모습 속에서 숨어 있는 신[157]을 알아볼 수 있었겠는가? 파스칼도 유대인 가운데 태어났더라면 그들과 마찬가지로 알아보지 못했을 것이다. 한번 더 말하거니와 신의 신비스런 비밀을 꿰뚫으려 하지 말고 신을 경배하도록 하자.

13 [244] 예수 그리스도의 첫 강림의 때는 예언되었으나 재림의 때는 전혀 그렇지 않다. 첫 강림이 숨겨져야 했으므로 그 대신 재림은 눈부셔야 하고, 그의 적들까지도 그를 알아볼 수 있을 정도로

분명하게 표명되어야 한다.

　예수 그리스도의 재림의 때는 첫 강림의 때보다 훨씬 분명하게 예언되어 있다. 파스칼 씨는 예수 그리스도가 〈누가복음〉 제21장에서 다음과 같이 감동적으로 말한 것을 분명히 잊어버리고 있다.

　"너희가 예루살렘이 군대들에게 에워싸이는 것을 보거든 그 멸망이 가까운 줄을 알라…… 예루살렘은…… 이방인들에게 밟히리라. 일월성신에는 징조가 있겠고…… 바다와 파도의 우는 소리로 인하여 혼란한 중에 곤고하리라…… 하늘의 권능들이 흔들리겠음이라. 그러면 그때에 사람들은 사람의 아들이 구름을 타고 권능을 떨치며 영광에 싸여 오는 것을 볼 것이다."

　여기서 재림은 분명하게 예언되지 않았는가? 그러나 그 일이 아직 일어나지 않았다면 감히 하느님께 물어보는 것은 우리의 몫이 아니다.

　14　[270] 육신을 지닌 유대인들에 의하면 메시아는 한시적으로 위대한 왕이어야 한다. 또한 육신을 지닌 기독교인들에 의하면 메시아는 하느님을 사랑하는 일을 우리에게 면해 주기 위해 왔으며, 우리의 참여 없이도 모든 것을 행하는 성사를 우리에게 주러 왔다. 전자도 후자도 기독교가 아니며, 유대교도 아니다.

　이 항목은 기독교에 대한 성찰이라기보다 오히려 풍자의 독설이다. 여기서 말하는 것은 예수회파에 대한 것임을 알 수 있다. 그러나 사실에 있어서 어떤 예수회파 신자도 예수 그리스도가 하느님을 사랑하는 일을 우리에게 면해 주러 왔다고 말한 적은 없지 않았는가? 그토록 살벌한 증오와 그처럼 무서운 불행을 야기했던 과학적 논쟁의 대부분이 그랬던 것처럼 하느님의 사랑에 대한 논쟁은 순전히 말싸움이다.

이 항목에는 또 다른 잘못이 하나 더 있다. 그것은 메시아에 대한 기다림이 유대인들에게 종교의 경지에 있었다고 가정하는 점이다. 그 기다림은 다만 이 민족에게는 널리 퍼져서 위안을 주는 한 가지 생각일 뿐이었다. 유대인들은 구세주를 원했으나 신앙의 한 조항으로 믿도록 요구되지는 않았다. 그들의 종교는 전체가 율법서에 담겨 있다. 유대인들은 예언자를 한번도 율법의 창시자로 여기지 않았다.

15 [257] 예언들을 시험하기 위해서는 예언들을 잘 이해해야만 한다. 예언들이 한 가지 의미만 갖는다고 믿는다면 메시아는 오지 않을 것이 확실하지만, 예언들이 두 가지 의미를 갖는다면 메시아는 예수 그리스도로서 올 것이 확실하기 때문이다.

기독교는 너무나 진실하여 모호한 증거가 필요하지 않다. 그런데 무엇인가가 이 거룩하고 합리적인 종교의 토대를 뒤흔들 수 있다면 그것은 바로 파스칼 씨의 감정이다. 그는 성서 안에서 모든 것이 두 가지 의미를 갖기를 원하지만 잘 믿지 못하는 불행을 타고난 사람은 이렇게 말할 수 있다. "자신의 말에 두 가지 의미를 두는 사람은 사람들을 속이려는 것이며, 그런 이중성은 언제나 법으로 처벌되었다. 그렇다면 어떻게 사람들이 인간에게 벌주고 혐오하던 것을 얼굴도 붉히지 않고 신에게 허용할 수 있단 말인가? 이교도들이 두

가지 의미를 쓴다고 해서 그들의 신탁을 얼마나 경멸하고 분노하였던가!" 예수 그리스도를 직접 바라본 예언자들은 다니엘이나 미가, 그리고 다른 예언자들의 예언처럼 한 가지 의미만을 말했다고 말할 수는 없는가? 우리가 예언에 대해 어떤 인지도 갖추지 못했더라도 종교는 여전히 확실한 것이라고 말할 수는 없는 것일까?

16 [290] 육체와 정신 사이의 무한한 거리는 정신과 자비 사이의 더욱 무한한 거리를 표현하는 것이다. 왜냐하면 자비는 초자연적이기 때문이다.

파스칼 씨가 시간이 있었더라면 자기 작품 속에서 이런 횡설수설을 쓰지 않았으리라고 생각한다.

17 [221] 가장 분명한 약점은 신중히 생각하는 사람들에게는 힘이다. 예를 들면 성 마태와 성 누가의 두 계보가 있는데, 그것이 협의해서 이루어진 것이 아님은 분명하다.

파스칼의 《팡세》 편집자는 노출 자체만으로도 종교에 오류를 범할 수 있는 이런 생각을 굳이 인쇄했어야 했을까? 기독교의 기본 관점인 이 계보들이 어떤 점에서 일치할 수 있는지를 말하지 않고, 서로 모순된다는 것을 말하는 것이 무슨 소용이 있을까? 독약과 함께 해독제도 제시했어야 했다. "내 의뢰인이 모순된 말을 하고 있다. 그러나 이런 약점은 신중히 생각할 줄 아는 사람에게는 힘이다." 이렇게 말하는 변호사에 대해 사람들은 어떻게 생각할 것인가?

18 [410] 우리가 그 점을 공공연히 밝히고 있는 이상 명석함이 부족하다고 우리를 더 이상 비난하지 말기 바란다. 그러나 종교의 바로 그 모호함 속에서, 우리가 갖고 있는 얼마 되지 않는 빛 속에서, 그리고 우리가 종교를 알게 될 때 갖는 무심함 속에서 종교의 진실을 인식하기 바란다.

이것이야말로 파스칼 씨가 말하는 진실의 이상한 표시이다! 거짓이 이것 말고 어떤 다른 표시를 갖겠는가? 무슨 말인가! 자신을 믿게 하기 위해서는 "나는 모호하다. 나는 이해 불가능하다"라고 말하는 것으로 충분할 것이라니! 박식의 어둠 대신에 오직 신앙의 빛을 눈앞에 제시하는 것이 더 양식 있는 일일 것이다.

19 [227] 종교가 하나뿐이라면 신이 너무 분명히 드러날지 모른다.

무슨 말인가! 종교가 하나뿐이라면 신이 너무 분명히 드러나다니! 아! 당신이 페이지마다 언젠가는 하나의 종교만이 있게 되리라고 말한 것을 잊었는가? 당신 말대로라면 그때 가서 신은 너무나 분명해질 것이다.

20 [423] 유대교는 그러한 것들로 이루어진 것이 절대 아니라 하느님의 사랑으로 이루어진 것이며, 하느님은 그밖의 모든 것을 배척한다고 나는 말한다.

이 무슨 소리! 하느님 스스로 그토록 정성껏, 그리고 그처럼 놀라운 세세함으로 유대인들에게 명령한 모든 것을 하느님이 배척한다고! 모세의 율법이 사랑과 경배로 이루어졌다고 말하는 것이 더 이상 진실이 아니란 말인가? 모든 것을 하느님의 사랑으로 귀결시키는 것은 모든 얀센주의자들이 그들의 이웃인 몰리나교도들에게 품고 있는 미움보다도 오히려 하느님의 사랑을 못 느끼게 한다.

21 [43] 인생에서 가장 중요한 것은 직업의 선택인데 우연이 직업을 정해 주고, 관습이 석공·병사·기와공을 만든다.

우리가 우연과 관습이라고 부르는 것들이 아니라면 도대체 누가 병사와 석공, 그리고 모든 기와공들을 정해 주겠는가? 인간이 스스로 결정할 수 있는 직업은 천재의 예술뿐이다. 그러나 모든 사람이 할 수 있는 직업에서는 관습이 정해 주는 것이 매우 자연스럽고 합리적인 것이다.

22 [126] 누구든 자신의 사고를 검토해 보면 그 사고는 항상 과거와 미래에 몰두해 있음을 발견할 것이다. 우리는 거의 현재를 생각하지 않는다. 만약 우리가 현재를 생각한다면, 그 생각에서 오직 미래를 정할 빛을 붙잡기 위한 것이다. 현재는 결코 우리의 목표가 아니다. 과거와 현재는 우리들의 수단이며, 유일하게 미래만이 우리의 목적이다.

우리를 끊임없이 미래로 이끌어 가는 이 본능을 주신 것에 대해 자연의 창조주에게 불평을 하기는커녕 감사해야 한다. 인간의 가장 귀중한 보물은 우리의 근심을 순화시켜 주고, 우리에게 현재의 기쁨을 누리는 가운데 미래의 기쁨을 그려 보이게 하는 이 희망이다. 만일 인간이 불행하여 현재에만 관심을 갖는다면 그는 결코 씨앗을 뿌리지 않을 것이고, 아무것도 건설하지 않을 것이고, 아무것도 심지 않을 것이고, 아무것도 얻지 못할 것이다. 이 거짓된 기쁨 속에서 인간은 모든 것이 결핍된 채 있을 것이다. 파스칼 씨 같은 정신적인 인간이 저들처럼 거짓된 상투적인 말을 할 수 있는가? 자연은 인간들 하나하나가 먹고 살면서, 아이를 만들면서, 기분 좋은 소리를 들으면서, 생각하고 느끼는 데 재능을 쓰면서 현재를 즐기도록 설계하였고, 또한 그 상태를 벗어나서, 흔히 그 상태 속에서 내일을 생각하도록, 그렇지 않으면 오늘 비참함으로 죽어가게 설계하였던 것이다.

23 [126] 사람들이 휴식에서 멀어지고, 또 자기 자신과 함께 머물기를 멀리하는 것은 상당히 실제적인 이유에서 비롯된 것임을 나는 좀더 가까이 들여다보며 알게 되었다. 즉 나약하며 죽음을 피할 수 없는 우리들 인간 조건의 선천적 불행으로 말미암은 것이다. 그 조건은 너무도 비참해서 그에 대한 생각을 피할 수 없고, 오직 우리 자신만을 바라볼 때 아무것도 우리를 위로할 수 없다.

'우리 자신만을 바라본다'는 말은 아무런 의미도 없다. 전혀 행동하지 않고 자신만을 바라보기로 한 인간이란 대체 무엇인가? 이런 사람은 백치이며 사회에서 쓸모가 없을 뿐만 아니라, 이런 사람은 존재할 수 없다. 왜냐하면 그런 사람이 무엇을 바라본다는 말인가? 그의 몸, 그의 발, 그의 손, 그의 오감인가? 그는 바보이거나, 아니면 모든 것의 사용법을 만들어야 할지 모른다. 생각하는 능력을 계속 응시할 것인가? 그러나 생각하는 능력이란 그것을 실행할 때만이 응시할 수 있는 것이다. 아니면 그는 아무것도 생각하지 않거나, 그에게 이미 떠올랐던 생각만을 생각하거나 새로운 생각을 짜맞출 텐데 그는 외부에 대해서만 생각을 가질 수 있다. 그러므로 자신의 감각이나 생각에 반드시 몰두해 있는 모습일 텐데, 그러니 정신이 나갔거나 백치일 것이다.

한 번 더 말하거니와, 이런 상상 속에나 있는 동면에 빠지는 것이 인간 본성에는 맞지 않는 일이며, 그런 생각을 한다는 것은 당치 않고 그것을 주장하는 것은 정신나간 짓이다. 마치 불길이 위로 치솟고 돌이 아래로 떨어지는 것과 같이 인간은 행동을 위해 태어났다. 아무것에도 몰두하지 않는 것과 존재하지 않는 것이 인간에게는 같은 것이다. 모든 차이는 그 몰두가 온화한지 격렬한지, 위험한지 유용한지에 달려 있다.

24 [126] 인간에게는 외부 세계에서 몰두할 일과 오락을 추구하게 하는 은밀한 본능이 있는데, 이는 끊임없는 불행을 느끼는 데서 비롯된다. 그런데 인간에게는 최초의 본성이 갖는 위대함 속에 머무르려는 또 다른 은밀한 본능이 있어서 인간에게 사실 행복이란 휴식 안에만 있다는 것을 깨닫게 한다.

이 은밀한 본능은 사회의 첫째가는 원리이며 필요한 토대로서 차라리 그것은 신의 선의에서 나온 것이다. 그것은 우리 불행의 느낌이 아니라 오히려 행복의 도구이다. 지상의 낙원에서 우리의 첫 선조가 무슨 짓을 했는지 나는 모르겠으나, 그들이 저마다 자기 자신만을 생각했더라면 인류의 존재는 어찌 되었을지 모른다. 그들이 완벽한 감각, 즉 흠잡을 데 없는 행동의 도구를 갖춘 것이 오직 명상을 위해서라고 생각하는 것은 어처구니없지 않은가? 생각하는 머리들이, 게으름이 위대함의 이름이며, 행동은 우리 본성의 비하라고 상상할 수 있다는 것이 재미있지 않은가?

25 [126] 파이루스[158]가 세계의 상당한 지역을 정복한 후 친구들과 휴식을 즐기겠다고 제의했을 때, 시네아스[159]는 그처럼 피곤한 일로 행복을 찾으려 하지 말고 곧바로 휴식을 즐김으로써 스스로 행복을 앞당기는 것이 낫겠다고 말했다. 받아들이기 지극히 곤란하고, 그 젊은 야심가의 의도나 마찬가지로 합리적이 아닌 충고를 했던 것은 그 때문이다. 두 사람은 모두 희망의 상상으로 가슴의 공허를 채우지 않고서도 그들 자신과 그들이 현재 갖고 있는 재산으로 인간이 만족할 수 있다고 가정했던 것인데, 그것은 틀린 생각이다. 파이루스는 세계를 정복하기 전에나 그 다음에나 행복할 수 없었다.

시네아스의 사례는 데프레오의 풍자시 속에서는 훌륭하지만, 철학서에서는 그렇지 않다. 지혜로운 왕은 자기 나라에서 행복할 수 있으며, 우리가 파이루스를 미치광이로 여기는 이유들이 다른 사람들까지도 미치광이로 결론짓게 하는 것이 결코 아니다.

26 [126] 인간이란 너무도 불행해서 권태의 특별한 이유가 전혀 없어도, 인간 조건의 바로 그 상태에 의해서만도 권태롭다는 것을 우리는 인정해야 할 것이다.

오히려 인간은 그 점에 있어서 행복하다. 이웃과 우리 자신에게 억지로라도 쓸모 있는 사람이 되기 위해 행동하지 않으면 권태로워 지도록 만들어 놓은 자연의 창조주에게 우리는 그만큼 많은 의무를 지고 있는 것이다.

27 [126] 바로 얼마 전에 외아들을 잃었고, 재판과 싸움에 짓눌려 오늘 아침만 해도 너무 괴로워하던 그 사람이 어떻게 하여 이제는 그 생각을 하지 않고 있는가? 놀라지 마시오. 그는 지금, 여섯 시간 전부터 그의 사냥개들이 열심히 추적하고 있는 사슴이 어디로 지나갈 것인가를 살피는 데 온 정신이 팔려 있다. 얼마나 슬픔에 가득 차 있든지 간에 인간에게는 많은 것이 필요없다. 만약에 그를 어떤 오락에 맛들이도록 끌어들일 수 있다면 그는 그동안 행복해지는 것이다.

그 사람은 놀랍게 행동한 것이다. 발산은 열이 났을 때 키니네를 처방하는 것보다 확실한 고통에 대한 처방이다. 그 점에 있어서 언제나 우리를 도와줄 준비가 되어 있는 자연을 비난하지 말자.

28 [405] 수많은 인간들이 사슬에 묶여 있고, 모두가 죽음을 선고받았으며, 매일같이 어떤 자들은 다른 자들의 면전에서 참수되

며, 남은 자들은 바로 자신들의 조건이 그들의 동료들과 같다는 것을 보게 되고, 서로서로가 괴롭게 희망 없이 쳐다보면서 그들의 차례를 기다리는 모습을 그려 보라. 이것이 인간 조건의 모습이다.

이 비유는 명백히 올바르지 않다. 차례차례 참수당하는 사슬에 묶인 불행한 사람들은 불행하다. 그들이 고통을 겪기 때문만이 아니라 다른 사람들은 당하지 않는 고통을 겪기 때문이다. 인간의 자연적인 운명은 사슬에 묶이는 것도 아니고 참수를 당하는 것도 아니며, 모든 인간은 동물이나 식물과 마찬가지로 성장하고 일정 기간 동안 살고 종족을 번식시키다 죽도록 만들어졌다. 우리는 풍자시에서는 인간을 나쁜 쪽으로 그려 보일 수 있겠지만, 조금이라도 이성을 사용한다면 인간이 모든 동물들 중에서 가장 완벽하고 가장 행복하며 가장 오래 사는 동물이라고 말하게 될 것이다. 그러므로 불행이나 수명의 짧음에 대해 놀라워하거나 한탄하지 말고, 우리의 행복과 장수에 대해 놀라워하고 축하해야 할 일이다. 오직 철학자의 입장에서 따져 볼 때 인간이 본성적으로 현재 처지보다 더 나은 상태에 있어야 한다고 주장한다면 오만과 경솔이라고 감히 말하겠다.

29 [419] 이교도들 가운데서 유일신만이 있을 뿐이라고 말한 현자들은 박해받았다. 유대인들은 미움을 받았고, 기독교도들은 더욱 미움을 받았다.

기존의 종교에 속하지 않는 유일신에 대한 경배를 가르치려는 사람이 오늘날 박해를 받는 것과 마찬가지로 그들은 때로 박해를 받았다. 소크라테스는 "신은 한 분뿐이다"라고 말했다고 해서 사형을 받은 것이 아니라 국가가 외적으로 표명하고 있는 종교에 반기를 들었고, 아주 적절치 못하게 권력자들을 적으로 만들었기 때문이었다. 유대인으로 말하면, 그들은 유일신만을 믿었기 때문에 미움을 받은 것이 아니라 우습게도 다른 민족들을 미워했기 때문이고, 무자비하게 정복한 적들을 학살한 야만인들이었기 때문이며, 이 야비한 민족이 맹목적이고 무지하며 예술을 모르고 상업을 모르고 가장 세련된 민족들을 경멸했기 때문에 미움을 받은 것이다. 기독교도들이 이교도로부터 미움을 받은 것은 마치 신교도들이 오랫동안 박해받고 미움을 받고 학살되었던 바로 그 나라에서 주인이 된 것처럼 결국에는 자신의 것이 될 종교와 제국을 무너뜨리려고 했기 때문이었다.

30 [574] 몽테뉴의 잘못은 지대하다. 그는 추하고 불성실한 말들로 가득하다. 그것들은 아무 가치도 없다. 안락사와 죽음에 대한 그의 감정은 끔찍하다.

몽테뉴는 철학자로서 말한 것이지 기독교도로서 말한 것이 아니며, 안락사에 대해 지지하기도 하고 반대하기도 했다. 철학적으로 말해서 더 이상 사회에 도움이 되지 않아서 사회를 떠나려고 하는 인간이 사회에 무슨 해악을 끼치겠는가? 몸에 결석이 생겨서 참을 수 없는 고통을 당하고 있는 노인이 있을 때, "수술을 받지 않으면 돌아가실 것입니다. 수술을 받으시면 당신 자신에게나 다른 사람들에게 짐은 되겠지만, 노망을 부리고, 침을 흘리며 일 년은 더 사실

수 있을 것입니다"라고 말한다면, 그럴 때 신사 노인은 더 이상 아무의 짐도 되지 않는 쪽을 택하리라고 생각하는데, 이것이 아마 몽테뉴가 얘기하는 경우일 것이다.

31 [654] 예전의 철학자들이 알지 못하던 얼마나 많은 별들을 망원경은 우리에게 발견해 주었던가? 성서의 도처에서 별의 숫자가 엄청난 것으로 표기된 점을 맹렬히 공격하는 사람들이 있었다. 1,022개의 별들이 있을 뿐이라고들 말했다. 우리는 그 사실을 알고 있다.

성서가 물리학적인 면에 있어서 언제나 기존의 관념들을 따르고 있음은 분명하다. 그래서 성서는 지구가 움직이지 않고 태양이 움직인다고 가정하고 있다. 성서가 별들이 셀 수 없이 많다고 말한 것은 천문학적인 첨단 지식에 의해서가 아니라 민간 지식에 부합하기 위해서였다. 실제로 우리 눈에 보이는 별은 약 1,022개 정도이지만, 하늘에서 눈을 떼지 않고 바라볼 때 눈부신 시야에 들어온 것을 무한하다고 생각했던 것이다. 그러므로 성서는 우리를 물리학자로 만들기 위해 있는 것이 아니기 때문에 일반 사람들의 관념을 따라 말하고 있는 것이다. 어느 날 플람스티드라는 이름의 한 영국인이 망원경을 가지고 찾아낸 7,000개 이상의 별을 목록에 올리게 되리라는 것을 하느님은 하바국에게도 바룩에게도 미가에게도 계시하지 않으셨다는 것은 분명하다.

32 [403] 죽어가는 사람이 고통과 쇠약 속에서 전능하시고 영원

하신 신에게 도전하러 가는 것이 용기일까?

그런 일은 결코 일어나지 않는다. "나는 신을 믿는다. 나는 신에게 맞선다"라고 말하는 것은 뇌에 격렬한 흥분이 일어난 경우에만 있을 수 있는 일이다.

33 [672] 나는 사건을 목격한 사람들이 참수를 당한 그 사건들을 기꺼이 믿는다.

어려운 점은 많은 광신자들이 그랬듯이 자신의 증언을 고집하다가 죽어간 증인들의 말을 믿을 것인가 말 것인가를 아는 것이 아니라, 그 증인들이 실제로 증언을 위해 죽었는가 여부와 그들의 증언을 보존하고 있는가, 그들이 죽었다고 말하는 그 나라에서 그들이 살았는가를 아는 일이다. 어째서 그리스도가 죽은 시기에 태어났고, 헤롯 왕의 적이며 유대교에 별로 집착하지 않는 요셉이 이 모든 것에 대해 한마디도 하지 않았을까? 바로 그런 일들을 후대의 많은 글 잘 쓰는 작가들이 했던 것처럼 파스칼 씨가 성공적으로 밝혀 놓았더라면 좋았을 것이다.

34 [77] 과학은 서로 연결되는 두 개의 극단을 가지고 있다. 그 하나는 태어날 때의 모든 인간들이 갖는 자연적인 순수한 무지의 상태이며, 또 하나는 인간이 알 수 있는 모든 것을 섭렵한 후 그들이 아무것도 알지 못한다는 것을 깨닫고 그들이 출발했던 그 무지 상태로 되돌아가게 되는 위대한 영혼들이 도달하는 상태이다.

이 생각은 순전히 궤변이다. 무지라는 단어를 두 개의 다른 의미로 사용하는 데서 오류는 비롯된다. 읽을 줄도 쓸 줄도 모르는 사람은 무지한 사람이지만, 자연의 숨겨진 원리를 모른다고 해서 수학자가 읽기를 배우기 시작했을 때 떠나왔던 그 무지의 지점에 돌아가지는 못한다. 뉴턴 씨는 어째서 인간이 그가 원할 때 팔을 움직이는지를 알지 못했지만 다른 것들에 대해서는 박식하다. 히브리어를 모르고 라틴어를 아는 사람은 프랑스어만 알고 있는 사람과 비교할 때 박식하다.

35 [123] 오락으로 즐거움을 얻을 수 있다는 것은 행복한 것이 아니다. 왜냐하면 그것은 다른 곳에서, 외부에서 오는 것이기 때문이다. 그러므로 그는 의존적이고, 따라서 피할 수 없는 고통을 만들어 주는 수많은 우연한 사건에 따라 마음이 흔들리는 주체이다.

쾌락을 누리는 사람은 현재 행복하며, 그 쾌락은 외부에서 올 수밖에 없다. 마치 낯선 음식들을 몸에 들여보내서 우리 몸으로 변화시키는 것처럼 우리는 외부의 대상을 통해서만 감각이나 생각을 가질 수 있는 것이다.

36 [468] 극단적인 정신은 극단적인 결함과 마찬가지로 광기라는 비난을 받는다. 평범한 것들만이 좋은 것으로 생각된다.

우리가 광기라고 비난하는 것은 극단적인 정신이 아니라 정신의 극단적인 생기이며 다변이다. 극단적 정신이란 광기와는 대척점에 있는 극단적 정확함, 극단적 섬세함, 극단적 폭넓음이다.

정신의 극단적 결함은 개념의 결핍, 사상의 공허이다. 그것은 광기가 아니라 우둔함이다. 광기란 뇌기관의 착란으로 여러 개의 대상을 너무 빨리 보게 하거나, 하나의 대상에 대해 격렬하게 적용하거나 과도하게 적용하여 상상력이 멈춘 것이다. 좋은 것으로 여겨지는 것은 평범함이 아니고 대립되는 두 가지 악덕을 서로 떼어 놓는 것이며, 우리가 올바른 중용이라고 부르는 것이지 평범함이 아니다.

37 [702] 만일 우리의 처지가 진정으로 행복하다면 생각하지 않으려고 관심을 딴 데로 돌릴 필요가 없을 것이다.

우리의 처지란 정확히 말해서 우리가 필연적으로 관계를 맺고 있는 외적 대상을 생각하는 것이다. 한 인간이 인간 조건을 생각하지 않도록 관심을 딴 데로 돌릴 수는 없다. 그가 관심을 보이는 어떤 것이란, 인간 조건과 필연적으로 관계를 맺고 있는 그 무엇이기 때문이다. 한 번 더 말하거니와, 자연적 사물을 추상화시키면서 자기 자신을 생각한다는 것은 아무것도 생각하지 않는 것이다. 아무것도. 우리는 그 점을 유의해야 한다.

그의 처지를 생각 못하게 하기는커녕 그의 처지를 승인하는 내용만을 말하게 된다. 학자에게는 평판과 학문에 대해 말하고, 군주에게는 그의 위대함에 대해 말하고, 인간에게는 쾌락에 대해 말하는 것이다.

38 [598] 위인이든 소인이든 같은 재난, 같은 반성, 같은 정열을 겪는다. 그러나 전자가 차바퀴의 가장자리에 있다면, 후자는 바퀴의 중심에 있어서 같은 움직임에서도 흔들림이 덜하다.

소인들이 위인들보다 덜 흔들린다는 것은 잘못이다. 반대로 그들은 가진 것이 더 적기 때문에 절망은 더욱 격렬하다. 런던에서 자살하는 사람 백 명 가운데 아흔아홉 명은 하층민이며, 나은 처지에 있는 사람은 한 명이 될까말까이다. 바퀴의 비유는 기발하지만 틀렸다.

39 [652] 우리는 사람들에게 신사가 되도록 가르치지 않고, 나머지 다른 것들을 가르친다. 그럼에도 그들은 다른 무엇보다도 신사임을 자랑한다. 그러니 그들은 자신들이 유일하게 배우지 않은 것을 안다고 자랑하는 것이다.

우리는 사람들에게 신사가 되도록 가르친다. 그러한 가르침이 없다면 신사가 될 수 있는 사람은 별로 없다. 당신 아들이 어렸을 때 손에 닿는 모든 것을 갖도록 내버려두어 보라. 열다섯 살이 되면 대로에서 도둑질을 할 것이고, 거짓말을 했다고 그를 칭찬해 보라. 그는 거짓 증인이 될 것이며, 그의 정욕의 비위를 맞춰 보라. 그는 틀림없이 방탕해질 것이다. 우리는 인간들에게 덕성과 종교, 모든 것을 가르친다.

40 [653] 자기 자신을 그린다는 몽테뉴의 그 어리석은 계획이라니! 그것도 모든 사람들이 자칫 그런 일에 빠지듯이 지나는 길에 그

렇게 하거나 자신의 말과 달리 그렇게 하는 것이 아니라, 자신의 말에 따라서 자신의 첫째가는 가장 중요한 의도에 따라서 그렇게 한다는 것이다. 우연과 나약함 때문에 어리석은 소리를 하는 것은 흔한 병이지만 의도적으로 그렇게 한다는 것이, 더구나 그 정도로까지 그런 짓을 하는 것은 참을 수 없다.

행동했던 그대로 자기 자신을 소박하게 그린다는 몽테뉴의 계획은 얼마나 매력적이며, 인간 본성을 그렸기 때문에 몽테뉴를 헐뜯는다는 니콜·말브랑슈·파스칼 들의 계획은 얼마나 초라한가!

41 [625] 병을 낫게 할 처방이 있다고 떠드는 많은 사기꾼들의 손에 생명을 맡길 만큼 사람들이 그 사기꾼들을 그토록 신임하는 이유가 무엇일까 하고 내가 곰곰 생각해 보니, 진정한 치유책이 있다는 것이 진정한 이유인 것 같다. 그렇게 많은 거짓이란 있을 수 없기 때문이며, 또 만약 진실이 없다면 그런 믿음을 줄 수가 없어 보인다. 만약 전혀 진실이 없고, 모든 병이 치료될 수 없었다면, 그들이 처방을 줄 수 있다는 생각은 불가능하며, 더욱 그처럼 많은 사람들이 처방이 있다고 장담하는 자들을 믿었다는 것도 불가능하다. 마찬가지로 만약 어떤 자가 죽음을 막을 수 있다고 장담한다면 그런 예는 도무지 없기 때문에 아무도 그를 믿지 않을 것이다. 그렇지만 많은 사람들의 지식 그 자체로 볼 때 진짜라고 여겨지는 처방이 어느 정도 있기 때문에 그로 인해 사람들의 믿음은 기울게 된다. 진짜일 수 있는 특수한 효과라는 것이 있는 한 어떤 일이 일반적으로 부정될 수는 없으므로 특수한 효력 중에서 어떤 것이 진짜인지 구

별할 수 없는 대중은 통틀어 전부를 믿어 버리는 것이다. 마찬가지로 달의 그 숱한 가짜 효과를 믿도록 만드는 것은 바다의 조수와 같은 진실한 부분이 거기 있기 때문이다. 그러므로 그처럼 많은 거짓 기적, 거짓 계시, 마법 등이 존재한다는 것은 틀림없이 진실한 부분이 그 속에 있기 때문이라고 생각한다.

내가 보기에는 인간의 본성은 거짓에 빠지기 위해 진실을 필요로 하지는 않는 것 같다. 바다의 조수와 관련된 아주 작은 진실을 상상하기 이전에 사람들은 수없이 많은 거짓 영향을 달의 탓으로 돌렸다. 처음으로 병이 난 사람은 별 생각 없이 처음의 돌팔이의사를 믿었다. 밤이면 늑대로 변하는 늑대인간이나 마법사를 본 사람은 아무도 없었지만 많은 사람들이 그런 것을 믿었다. 금속의 변화를 아무도 보지 못했지만 여러 사람들이 연금술의 화금석을 믿다가 파멸했다. 로마인들, 그리스인들, 모든 이교도들이 그들이 빠져들었던 거짓 기적을 믿은 것이 진짜 기적의 일부를 보았기 때문이란 말인가?

42 [591] 항구는 배 안에 있는 사람들을 규제한다. 그러나 도덕에서는 어디서 이런 항구를 찾을 수 있을까?

모든 민족들이 수긍하고 있는 이 한마디 격언에서 찾을 수 있다. "당신이 다른 사람으로부터 받기를 원치 않는 것을 당신도 다른 사람에게 행하지 말라."

43 [27] 그들은 평화보다 죽음을 더 사랑하며, 다른 사람들은 전

쟁보다 죽음을 더 사랑한다. 삶을 사랑하는 것은 너무나 강렬하고 자연스러운 것이지만 온갖 다른 의견이 삶보다 선호될 수 있다.

타키투스가 이 말을 한 것은 카탈루냐인들에 대해서였지만 이들에 대하여 전쟁보다 죽음을 더 사랑한다고 말할 수 있는가, 또 그렇게 말했는지는 전혀 알 수 없다.

44 [465] 사람이 지혜로우면 지혜로울수록 독창적인 사람들이 많이 있다는 것을 깨닫는다. 평범한 사람들은 사람들 사이의 차이를 알아보지 못한다.

정말로 독창적인 사람은 별로 없다. 거의 모든 사람들이 관습과 교육의 영향에 따라 자신을 다스리고 생각하고 느낀다. 새로운 길을 걸어가는 정신만큼 희귀한 것은 없다. 그러나 한데 어울려 가는 이 군중 속에서 저마다 걸음걸이에 약간 차이가 나는데 섬세한 눈길은 그것을 알아본다.

45 [465] 두 가지 종류의 정신이 있다. 하나는 원칙의 결과를 생생하고 깊이 있게 파고드는 정확함의 정신이다. 다른 하나는 수많은 원칙들을 혼동하지 않고 이해하는 기하학의 정신이다.

오늘날에는 관용적으로 방법적이고 논리적인 정신을 기하학적 정신이라 부른다는 생각이다.

46 [128] 죽음은 위험하지 않게 죽을 생각을 하기보다는 차라리 죽음에 대한 생각을 하지 않을 때 훨씬 견디기 쉽다.

인간이 죽음에 대해 전혀 생각하지 않고 있는데 쉽게 죽음을 견디느니 힘들게 죽음을 견딘다거니라고 말할 수 없다. 아무것도 느끼지 않는 자는 그 아무것도 견디지 않는 법이다.

47 [100] 우리들은 사람이란 모두가 그들에게 제시되는 사물들을 같은 방식으로 인식하고 감각한다고 가정한다. 그러나 우리는 그에 대한 어떤 증거도 갖고 있지 못하므로 그것은 전혀 근거 없는 가정이다. 사람들이 같은 경우에는 같은 어휘를 구사하는데, 예컨대 두 사람이 눈을 볼 때마다 서로 눈이 희다고 말함으로써 같은 어휘를 사용하여 같은 사물을 본 것을 표현한다. 그리고 사람들이 이렇게 같은 어휘를 쓴다는 것에서 생각도 일치하리라는 강한 억측을 끄집어낸다. 그러나 여기에 아무리 긍정적이라 단정할 만한 점이 있다고 하더라도 그런 것은 절대로 승복할 수 없는 논리이다.

증거로 제시했어야 하는 것은 흰색이 아니었다. 희다는 것은 모든 빛이 모인 것으로서 모든 사람에게 빛나 보이며, 마침내는 눈이 부시게 되어 모든 시야에 동일한 효과를 낸다. 그러나 다른 색깔이라면 모든 눈에 같은 방식으로 보이지는 않는다고 말할 수 있다.

48 [470] 우리들의 모든 추론은 감정에 양보하는 것으로 귀결된다.

우리들의 모든 추론은 학문에서가 아니라, 취향에서 감정에 양보하는 것이다.

49　[472] 작품을 규칙을 갖고 판단하는 사람들은 시계를 갖고 있는 사람들이 시계를 갖지 않은 사람들에 대해 생각하는 것처럼 다른 사람들에 대해 생각한다. 한 사람이 말한다. "두 시간 전에 여기에 왔소." 다른 사람이 말한다. "사십오 분밖에 되지 않았소." 나는 내 시계를 보고 전자에게는 "지루하시군요"라고 말하고, 후자에게는 "시간이 당신에겐 전혀 길게 느껴지지 않는군요"라고 말한다.

취향을 다룬 작품에서, 즉 음악이라든지, 시·그림에서 시계의 역할을 하는 것은 취향인데, 규칙만 가지고 판단하는 것은 그릇된 행동이다.

50　[45] 내 생각에 시저는 세계 정복을 즐기기에는 너무 늙었다. 그런 즐거움은 알렉산더에게나 좋은 것이다. 알렉산더는 젊은이여서 멈추기가 어려웠으나 시저에게는 좀 더 성숙이 필요했다.

우리는 보통 알렉산더와 시저가 땅을 정복할 계획을 품고 고향을 떠났다고 생각한다. 전혀 그렇지 않다. 알렉산더는 그리스 장군으로서 필립의 뒤를 이어 페르시아 왕에게 당한 모욕을 그리스군이 복수하려는 정당한 책임을 떠맡았다. 그는 공동의 적을 쳐부수고 인도까지 계속 정복해 갔다. 다리우스 왕국이 인도까지 뻗어 있었기 때문이다. 마찬가지로 말보로 공작은 빌라르 제독이 없었더라면 리옹까지 왔을 것이다.

시저는 공화국의 창시자 가운데 한 명이었다. 그는 얀센주의자가 몰리나 교도들과 싸웠듯이 폼페이우스와 싸웠다. 그때 그것은 끝까지 살아남는 자의 것이었다. 사망자가 만 명이 되지 않는 단 한 차례의 전투에서 모든 것이 결판났다.

더구나 파스칼 씨의 생각은 어쩌면 모든 면에서 틀렸다. 그렇게 많은 음모에 휩싸이려면 시저의 노숙함이 필요했고, 알렉산더가 그 나이에 심히 고통스러운 전쟁을 치르기 위해 쾌락을 포기한 것이 놀라운 것이다.

51 [656] 신과 자연의 모든 법을 포기하고, 정확히 말해서 마치 도둑들처럼 자기 자신에게 복종하는 법을 스스로 만드는 사람들이 세상에 있다는 것을 생각하면 재미있다.

그것은 생각하면 재미있는 일이 아니라 훨씬 유익한 것이다. 어떠한 인간 사회도 규칙 없이는 단 하루도 지속될 수 없다는 것을 증명해 주기 때문이다.

52 [572] 인간은 천사도 짐승도 아니다. 불행하게도 천사가 되려는 사람을 짐승으로 만드는 것이다.

정념을 규제하는 대신에 파괴시키려는 사람은 천사를 만들려는 사람이다.

53 [579] 말은 동료들의 감탄을 사기 위해 노력하지 않는다. 그들끼리 경주할 때 일종의 경쟁심을 볼 수 있지만, 그 결과에는 아무 상관이 없다. 마구간으로 돌아오면, 가장 무겁고 가장 못난 말이 그렇다고 해서 자기 건초를 다른 말에게 양보하지 않기 때문이다. 인간들 사이에서는 그렇지가 않다. 인간의 미덕은 결코 스스로 만족하지 않는다. 그들은 미덕으로 인해 다른 사람에게서 이익을 보지 않으면 절대로 만족하지 않는다.

가장 못난 사람 역시 자기 빵을 다른 사람에게 양보하지 않는다. 가장 힘센 사람이 가장 약한 사람에게서 빵을 빼앗아 간다. 동물에게서나 사람에게서나 약육강식이다.

54 [185] 인간이 스스로를 연구하기 시작하면 인간이 얼마나 멀리 갈 수 없는지를 알게 될 것이다. 어떻게 부분이 전체를 알 수 있겠는가? 인간은 적어도 그가 일부를 이루고 있는 부분들을 알고 싶어 갈망할 것이다. 그러나 세계의 부분들은 서로서로 그런 관계와 고리를 이루고 있어서 하나가 없이는 다른 하나를 알 수 없고, 전체 없이는 하나를 알 수 없다고 나는 생각한다.

전체를 알 수 없다는 점을 고려하여 인간이 자신에게 유익한 것을 추구하기를 단념하게 해서는 안 된다.

우리는 많은 진실을 알고 있고, 많은 유익한 발명을 해왔다. 거미 한 마리와 토성의 환 사이에 있을 수 있는 관계를 알지 못한다는 것에 대해 서로 위로하자. 그리고 계속해서 우리가 알 수 있는 범위

안에 있는 것을 연구하자.

55 [641] 만약 번개가 저지대에 떨어진다면, 시인들과 이런 자연의 사물들에 대해서만 추론할 줄 아는 사람들은 증거가 없을 것이다.

비유는 시나 산문에서 증거가 아니다. 비유는 시에서는 미사여구로 사용되고, 산문에서는 사물을 밝혀주고 더 잘 느낄 수 있도록 하는 데 이용된다. 위인들의 불행을 산에 떨어진 벼락에 비유한 시인은 그 반대의 경우가 일어난다면 반대로 된 비유를 하게 될 것이다.

56 [185] 거의 모든 철학자들이 관념과 사물을 혼동하였고, 정신에만 속하는 것을 육체에 부여하고 육체에만 합당한 것을 정신에 부여하였던 것은 바로 이 정신과 육체를 이루고 있는 구성 때문이다.

만일 우리가 정신이 무엇인지 안다면 철학자들이 정신에 속하지 않는 것을 정신에게 부여한 것에 대해 불평할 수 있었을 것이다. 그러나 우리는 정신도 육체도 알지 못한다. 우리는 정신에 대해 어떤 관념도 없고, 육체에 대해서도 매우 불완전한 관념만을 갖고 있다. 그러므로 우리는 그것들의 경계가 무엇인지도 모른다.

57 [500] 시적 아름다움이라고 말하는 것처럼 기하학적 아름다움, 의학적 아름다움이라고 말해야 할 것이다. 그렇지만 우리는 그렇게 말하지 않는다. 이유는 기하학의 목적이 무엇인지, 의학의 목

적이 무엇인지는 잘 알고 있지만 시의 목적인 즐거움이 무엇으로 이루어졌는지는 알지 못하기 때문이다. 우리는 모방해야 할 자연의 전범이 무엇인지 모르고 있다. 그리고 이러한 인식의 부족으로 말미암아 우리는 황금의 세기, 우리 시대의 기적, 운명의 월계수, 아름다운 별 등과 같은 어떤 이상한 용어들을 만들어냈다. 그리고 이 이상한 말을 시적 아름다움이라고 부르고 있다. 그러나 이 전범을 따라 옷을 입은 여인을 상상하는 사람은 아름다운 아가씨가 거울과 청동 사슬을 온통 휘감은 모습을 보게 될 것이다.

매우 틀린 말이다. 우리는 기하학적 아름다움도, 의학적 아름다움도 말해서는 안 된다. 수학의 정리와 의학의 하제 같은 것은 감각을 유쾌하게 하지 않으며, 우리는 아름다움이라는 이름을 음악, 미술, 웅변, 시, 번듯한 건축 등 감각을 매혹하는 대상에게만 부여하기 때문이다.

파스칼 씨가 동원한 논리 역시 잘못되었다. 우리는 시의 목적이 무엇인지를 잘 알고 있다. 그것은 힘 있게, 명료하게, 섬세하게, 조화롭게 그려내는 데 있다. 시는 조화로운 웅변이다. 파스칼 씨가 '운명의 월계수', '아름다운 별', 또 다른 어리석은 말들이 시적 아름다움을 지녔다고 말하는 것을 보니 취향이 별로 없음이 틀림없다. 유명한 저자에게 너무나 어울리지 않는 이런 명상을 《팡세》의 편집자들이 출판하다니 문학에 별로 조예가 없음이 틀림없다.

너무나 긴 토론을 야기할 파스칼 씨의 《팡세》에 대한 나의 다른 언급들은 상기시키지 않겠다. 이 위대한 천재의 예기치 않은 몇 가지 오류를 알아냈다고 믿는 것으로 충분하다. 가장 훌륭한 사람들도 속인과 마찬가지로 잘못을 범한다고 확신하는 것이 나처럼 둔한 정신에게는 위로가 된다.

역주

1) 17세기경 영국인 조지 폭스(George Fox)가 창시한 기독교의 일파로 정식 명칭은 '교우회(Society of Friends)'다. 1647년부터 순회 설교를 한 폭스가 많은 박해를 받은 끝에 점차 교세를 확장하여 1672년 런던에서 첫 연회를 열고, 교우회를 조직하였다. 볼테르는 이 교파에 관심이 많았으며, 퀘이커교의 이신론(理神論)적 경향이나 성직자의 부재, 평화주의 등에 우호적이었다.

2) 〈마태복음〉, 제3장 13~17절 참조.

3) 〈요한복음〉, 제1장 26~27절 참조.

4) 〈고린도전서〉, 제1장 17절.

5) 계시받은 자, 특히 광신자.

6) 가톨릭교에는 일곱 개의 성사가 있지만 루터교와 영국 성공회는 두 개의 성사(세례성사와 성체성사)만을 인정하고 있다. 퀘이커교는 모든 성사를 거부한다.

7) 볼테르가 참고로 한 퀘이커교에 관한 문헌은 주로 로버트 바클레이(Robert Barclay)가 쓴 *Theologiae vere Christianae Apologia*(1676)이다.

8) 프랑스어에서는 '너(tu)'라는 단수를 '당신들(vous)'이라는 복수로 사용하여 존대를 나타냄을 일컫는 표현이다.

9) 징집담당 하사관의 모습이다.

10) 1666년 대화재를 기억하기 위해 세운 기둥. 퀘이커 교회는 그레이스처치 거리(Gracechurch Street)에 있다.

11) 〈마태복음〉 제10장 8절.

12) 말브랑슈(Malebranche: 1638~1715): 철학자이며 수도사. 그의 주요 관심은 신앙의 진리와 이성의 진리를 어떻게 조화시킬 것인가 하는 문제였고, 이를 위해 아우구스티누스의 신학과 데카르트의 철학을 교묘히 융합하였다. 저서로는 《진리의 탐구 *De la recherche de la vérité*》가 유명하다.

13) 볼테르가 잘못 알고 있는 것이다. 퀘이커교는 1649년에 조지 폭스에 의해 창시되었다.

14) 볼테르가 부정확하게 쓴 것이다. 폭스는 죽을 때 일기를 남겼다.

15) 예전에는 광인 수용소를 소감옥이라 불렀다.

16) 1585~1590에 교황을 지냈으며, 프랑스의 종교 분쟁에 가담하였다.

17) 교황을 선출하기 위해 추기경들이 모여 폐쇄적인 상황에서 비밀투표를 하

는 콘클라베에 대한 우의적 표현으로 가톨릭의 배타성을 풍자한 표현이다.

18) 윌리엄 펜(1644~1718): 1682년에 펜실베이니아를 건립했다(뒤에서 볼테르는 1680년이라고 잘못 쓰고 있다). 볼테르의 자료에 따르면, 그는 1659년에 개종하였다. 다른 자료에 따르면, 그는 스물두 살에 아일랜드에서 개종했다.

19) 〈마태복음〉 제20장 1~16장에 나오는 포도원의 비유를 빗댄 표현이다.

20) 1677년에 펜은 네덜란드로 2차 여행을 한다.

21) 엘리자베스 드 보엠(1618~1680)은 망명중인 팔레스티나 공주로 1642년에 데카르트와 친분을 맺는다. 데카르트는 그녀에게 1644년에 쓴 《철학의 원리 *Principes de la philosophie*》를 헌정했다.

22) 볼테르의 오류. 펜실베이니아는 메릴랜드 북부에 위치한다.

23) 말하자면 인디언 부족들이다.

24) 1685년에 잭 2세의 이름으로 형을 승계한 요크 공작은 공개적으로 가톨릭을 옹호했다. 그의 몇 년간의 통치로 가톨릭은 휘그당, 토리당과 다수의 민중들에 반하여 힘을 집결하였다.

25) 1688년에 명예혁명은 잭 2세를 왕좌에서 몰아냈다.

26) 1689년에 권리장전은 입헌군주제를 정착시켰다.

27) 펜의 펜실베이니아 2차 거주는 1698~1701년 사이에 있었다.

28) 1712년, 펜실베이니아 매각에 관한 볼테르의 정보는 정확하다.

29) 이탈리아의 정당인 겔프당은 교황 지지당이고, 지블랭당은 독일 황제 프레데릭 2세를 지지하는 정당이다. 이들은 피렌체의 귀족들과 18세기 이탈리아 도시들을 분열시켰다.

30) 토리당의 지배는 1710년에서 1714년까지 지속되었다. 앤 여왕의 후계자인 조지 1세는 휘그당의 권력을 포기했다.

31) 모든 정황으로 보아 볼링브로크 경을 지칭한다.

32) 고위 성직자의 옷.

33) 정식 신부와 달리 일시적으로 성직록을 맡은 신부를 암시한다. 일반적으로 abbé라는 단어는 성직 옷을 입은 사람을 모두 말한다. 볼테르는 '궁정 신부'를 염두에 둔 듯하다.

34) 디오게네스는 플라톤과 냉소적인 철학적 분쟁의 일화를 여러 개 남겼다. 어느 날 플라톤이 친구들을 초대했는데, 디오게네스가 양탄자 위를 걸어가다 말했다. "나는 플라톤의 오만을 발로 밟고 가는군."

35) 잘 알려진 또 하나의 일화를 참고할 수 있다. 햇빛이 비치던 시간에 알렉산더가 디오게네스를 만나 말했다. "원하는 것을 말해 보시오. 내가 들어주겠소." 디오게네스가 대답했다. "비켜주시오. 해를 가리잖소." 또 한번은 알렉산더가 말했다. "나는 대왕 알렉산더다." 그러자 디오게네스가 자신을 소개했다. "저는 디

오게네스입니다. 개이지요."

36) 1650년에 찰스 2세는 스코틀랜드로 도피했다가 1651년 프랑스로 떠났다.

37) 신학에서 교회법 박사가 되려면 2년간 철학을 공부하고 3년간 신학을 공부해야 한다.

38) BC. 95~46년 로마공화정 말기의 정치인으로 부패가 만연한 당시 정치 상황에서 올곧고 청렴결백하였으며, 시저와 대적하여 로마공화정을 수호한 스토아 학파의 철학자이다. 강직함과 청렴함으로 로마공화정의 이상을 구현하는 상징적 인물이 되었다.

39) 영국 국교도만이 수단을 걸칠 권리가 있었다.

40) 〈사도행전〉 제17장 참조. 바빌론은 로마를 가리킨다.

41) 그리스도교의 중요한 교의인 속죄와 삼위일체설을 부정한 교파로 16세기 말부터 17세기에 걸쳐 활동했다. 이같은 생각은 이미 이탈리아의 법률가인 L. 소치니가 품고 있었으나 공개적인 의사 표현을 하지 않고 있다가 그가 죽은 뒤 유고(遺稿)를 상속받은 조카 F.소치니는 백부로부터 결정적 영향을 받아 마침내 반(反)삼위일체론을 제창하였다.

42) 4세기에 예수 그리스도의 신성(神性)을 부인한 아리우스의 주장을 교의로 삼는 교파로 알렉산드리아 교회의 사제(司祭) 아리우스는, "성부·성자·성신(성령)의 세 위격(位格)은 대등하며, 오직 성부만이 영원하다. 성자는 모든 피조물과 같이 창조되었을 뿐이며 신이되 피조물과 신의 중개 역할을 하고, 신이 그에게 세상을 구원하도록 선택한 것이다. 예수 그리스도는 신의 은총을 입어 하느님의 양자로 선택받은 것이다"라고 주장하였다.

43) 이들은 전통적인 속죄설을 부인하는 틀 안에서 삼위일체를 부인한다. 그래서 이들은 예수 그리스도의 대속적인 죽음을 통해서 구원받는 것을 반대하고, 예수가 도덕적인 스승으로 뛰어난 삶을 살았기 때문에 신적인 능력을 받았다고 본다. 그러므로 인간의 구원은 삼위일체 하느님을 믿는 것보다는 도덕적 스승으로서의 예수의 삶의 모범을 따라서 거룩한 생활을 하는 데 있다고 하였다

44) 삼위일체 교리에 반하여 그리스도의 신성을 부정하고 하느님의 신성만을 인정하는 교파.

45) *A discourse concerning the being and attributes of God*(1705~1706).

46) *The verity and certitude of natural and revealed religion*(1705).

47) 볼테르 자신이 자기라고 말하고 있지 않는 이상 볼링브로크나 스위프트라고 간주된다.

48) *The scripture doctrine of the trinity, in three parts*(1712).

49) *Liberii de Sancto Amore epistolae theologicae, Inrenopoli*(1679)와 *Version du Nouveau Testament*(1703)의 저자.

50) 볼테르는 책임내각제에서 국왕은 통치하지 않는다는 사실을 잊고 있다.

51) 1714년의 바르셀로나 함락과 1720년대말에 모로코·터키·페르시아에서 일어난 소요를 암시함.

52) 1648년에서 1652년 사이에 일어난 프롱드의 난.

53) 1407~1419년의 아르마냑과 부르고뉴 사이의 전쟁.

54) 볼테르는 아마도 좀 더 일반적인 관점에서 1562년에서 1598년 사이에 프랑스를 황폐화시킨 종교전쟁을 생각하고 있다.

55) 스튜어트 왕조의 찰스 1세는 악정(惡政)으로 의회에서 권리청원이 제출되어 비난당하자 의회를 해산하고 11년간 의회를 소집하지 않았다. 그러나 스코틀랜드의 반란처리 비용을 위해 의회를 소집하였다가 의회와 정면 대립, 청교도 혁명으로 확대되어 결국 1649년에 처형당하였다.

56) 앙리 3세는 신성동맹의 수도승인 자크 클레망에게 암살당했고, 앙리 4세는 프랑수아 라바약에게 암살당했다.

57) 영국 남서부에 있었던 고대 앵글로색슨 왕국인 웨식스의 왕 이나스를 가리킨다. 그는 726년에 수도직을 위해 왕위를 내놓았다.

58) 앵글로색슨과 스칸디나비아의 정복자들이 세운 일곱 개 왕국 전체.

59) 로마에 있는 영국 수도회의 재정을 위해 교회에 바치는 직접세를 이나스 왕이 승인하였다.

60) 볼테르는 원문 그대로를 인용하고 있지는 않다. 그러나 대헌장의 첫머리를 집약해서 표현하고 있다.

61) 실제로는 21조이다.

62) 실제로는 38조이다.

63) 1726년임. 볼테르의 부주의.

64) 1706년 스페인 왕위계승전쟁 때의 일이다. 프랑수아 외젠은 1683년 루이 14세의 군대복무를 거부하고, 오스트리아 신성로마제국 레오폴트 1세의 군대에서 복무하였다. 그는 역사상 가장 위대한 군인 가운데 한 사람으로 꼽히며 엄격한 성격과 루이 14세에 대한 혐오, 예술과 학문에 대한 옹호로도 세상의 주목을 받았다.

65) 천연두는 1978년에 공식적으로 박멸된 것으로 선언되었다. 그러나 18세기 초에는 10명에 1명꼴로 천연두로 죽었다.

66) 카프카스의 옛 이름.

67) 몬테규 부인(1690~1762)는 볼테르가 영국 체류 당시 알고 지내던 사람으로 1716년에 남편과 어린 아들과 함께 콘스탄티노플에 왔다. 몇 주 후에 그녀 자신이 천연두에 걸렸다가 회복되었는데, 그녀의 회복은 교황의 축복을 받을 정도였다. 그녀는 1718년에 외과 의사 메이틀랜드를 시켜 자기 아들에게 천연두를 접

종시켰다. 1721년에 영국으로 돌아온 그녀는 천연두가 창궐하자 메이틀랜드에게 천연두 접종의 실험을 하게 하였다. 2년 뒤에 또다시 전염병이 돌자 콘스탄티노플에서 태어난 자기 딸에게 접종을 시켰고, 그것이 천연두 접종의 움직임을 낳았다.

68) 과장된 수치이다. 1721년에서 1728년 사이에 영국과 아메리카, 네덜란드에서 897건이 있었다.

69) 르네상스 후의 근대철학, 특히 영국 고전경험론의 창시자이다. 저서 《학문의 진보》는 처음에 《학문의 대혁신》 전6부로 집필 구상되었으나 실제로 간행된 것은 3부뿐이고, 특히 제1부의 〈학문의 진보 *The Advancement of Learning*〉(1605)와 제2부의 〈노붐 오르가눔 *Novum Organum*〉(아리스토텔레스의 논리학서 《오르가논》에 대항하는 것; 1620)이 중요하다. 그는 철학을 신학과 자연철학으로 나누었는데, 그의 최대의 관심과 공헌은 자연철학 분야에 있었고, 과학방법론·귀납법 등의 논리 제창에 있었다.

70) 베이컨의 명성은 뉴턴의 등장 이후 영국에서 다소 시들어졌다가 디드로 등 프랑스의 백과전서파에 의해 다시 주목받았다.

71) 〈노붐 오르가눔〉에서 베이컨은 진리에 이르는 것을 방해하는 장애물을 타도하려 할 뿐 아니라 전통적인 오르가눔을 대체할 새로운 방법에 정신을 준비시키려 하였다.

72) 볼테르가 말하는 것과는 달리 베이컨은 공기의 무게에 대한 생각을 전혀 하지 못하고 있었다. 토리첼리의 실험은 얼마 지나지 않아 1647년에 파스칼에 의해 검증되었다.

73) 〈노붐 오르가눔〉 II, 45. 그러나 베이컨 이전에 케플러가 이미 천체들 사이에 어떤 형태의 인력이 있음을 말한 바 있다.

74) 〈노붐 오르가눔〉 II, 36.

75) 베이컨의 《헨리 7세의 역사》는 1622년에 나왔는데 Jacques Augustin de Thou의 《우리 시대의 역사》 라틴어 초판은 1604~1608년에 나왔다. 최종판은 1733년에 나왔고, 다음해에 프랑스어로 번역되었는데, 프랑스 사료편찬에서 가장 주목할 작품 가운데 하나이다.

76) 로크는 수학에 관한 저술을 출판하지 않았다고 말하는 것이 좀 더 정확할 것이다. 그 점이 데카르트나 뉴턴과 다른 점이다. 이에 비하면 볼테르는 사실 초라한 수학자이다.

77) 아낙사고라스(Anaxagoras; BC 500~428): 고대 그리스의 철학자이며 아테네에 처음으로 철학을 이식한 인물이다. 생성, 소멸을 부정하고, 만물은 처음부터 있었고 그 혼합과 분리가 있을 뿐이라고 주장하였다.

78) '개 같은 생활'에서 유래한 견유학파는 시니시즘이라고도 한다. 디오게네스

는 아무것도 필요하지 않은 것이 신의 특징이며, 필요한 것이 적을수록 신에 가까운 자유로운 인간이라고 말하며 거지처럼 살았다.

79) 자연주의자인 이탈리아의 체살피노의 생각인데, 아폴로니아의 디오게네스로 잘못 인용하고 있다.

80) 소크라테스는 신보다는 열등하나 인간보다는 우월한 영적인 힘에 대해 '친근한 악마'라고 부르며 그것을 성찰했다.

81) 스콜라학파의 선생들로 천사 박사는 토마스 아퀴나스이고, 청순한 박사는 보나벤투라이다.

82) 물리학이라는 말은 18세기에는 자연과학 전체를 지칭하는 것이었다.

83) 로크는 짐승의 재능과 인간의 재능을 그의 《에세 II》에서 비교하고 있다.

84) Locke, *Essai sur l'ententement humain* 참조.

85) 위의 책 IV, II, 22.

86) 부알로를 데프레오라고도 불렀다.

87) 14세기에 프란체스코회가 개인적 혹은 집단적으로 재산을 소유하는 것에 반대하여 도미니크회처럼 소유의 어떤 형태를 권장하는 사람들과 벌였던 싸움을 희화화하여 말하고 있다.

88) 데카르트, 《철학의 원리》, IV, 49~52 참조.

89) 뉴턴은 밀물과 썰물이 태양과 달의 인력의 조합에 기인한다고 보았다.

90) 비르길리우스의 전원시에서 인용한 시구.

91) 30년 전쟁 초기에 데카르트는 나소의 모리스 군에 합류했다.

92) 데카르트의 아이가 1635년에 태어났고, 아이 어머니는 하녀였다.

93) 사실 데카르트는 프랑스에서 생전에 처단된 적이 없다. 볼테르는 1663년에 가톨릭 교회가 데카르트의 저서들을 단죄한 후 많은 대학에서 그의 철학을 가르치기 위해 그를 옹호했던 사실을 암시하고 있다.

94) 갈릴레이가 지구의 운동을 증명했다는 것은 정확하지 않다. 갈릴레이는 죽을 때까지 감시받으며 살았고, 일흔여덟 살에 죽었다.

95) 자크 로오(Jacques Rohault)의 *Traité de physique*(1671)은 1708년에 12판까지 나온다.

96) 소용돌이 이론은 오랫동안 《철학의 원리》 3부에 제시되어 있었다. 호이겐스의 이의 제기 이후에 무게에 대한 데카르트의 설명은 레지스·로오·말브랑슈에 의해 수정되었다.

97) 뉴턴은 소용돌이의 물리학이 케플러의 제3법칙과 모순된다는 것을 증명하였다.

98) 뉴턴이 울즈소프의 어머니 곁으로 돌아온 때는 1665년이다. 뉴턴은 수학·광학·물리학 분야의 대부분의 발견을 이곳에서 했다.

99) 전해지는 이야기와는 달리 중력에 관한 뉴턴의 고찰은 1666년의 그의 성

취에 아직 한참 못 미치는 것이었다.

100) 약 6만 미터.

101) 4.9미터. 이 계산은 호이겐스에 의해 완성되었다.

102) 지구가 아니라 태양이 태양계의 중심이라는 증명은 케플러의 2법칙에 근거하고 있다. 중력은 3법칙에서 유도된다.

103) 윌리엄 휘스턴: 뉴턴의 제자. *A New Theory of the Earth*(1696)에서 1680년의 혜성이 575년 주기로 돌아온 것이라는 가정을 하였다.

104) 뉴턴은 이런 말을 하지 않았다. 오히려 그 반대였다.

105) 〈욥기〉 제38장 11절 인용.

106) 마르코 안토니오 드 도미니스(Marco Antonio De Dominis)는 무지갯빛의 발생을 아리스토텔레스의 삼색이론(빨강, 초록, 자줏빛)을 유지하면서 설명하였다.

107) 무지개에 관한 설명은 아리스토텔레스가 시도했다. 그에 따르면 흰빛과 어둠이 뒤섞여 다른 색깔들을 만들어낸다.

108) 수천 년 동안 전해져 온 생각은 빛깔이란 하양과 검정이 다양한 비율로 뒤섞여 생겨나는 것이었다. 뉴턴은 태양이 방출한 흰빛이 다양한 빛깔의 혼합이라는 것을 증명하였다.

109) 데카르트가 창안한 분석적 기하학은 한정된 수의 대수적 표현에 머물렀다. 그러나 무한정한 도형이란 한정수로 표현될 수 있는 것이 아니었다.

110) 무한에 대한 이해, 무한 상태, 무한의 이론상의 역할에 대한 고찰은 17세기의 주된 관심사 중 하나였다.

111) 올림피아 제전과 다음 올림피아 제전 사이 4년간을 1기로 하는 고대 그리스의 역수단위(曆數單位)가 올림피아드다. BC 776년부터 역수 계산의 단위가 되었다.

112) Lope de Vega: 스페인 연극의 황금기에 활약한 작가.

113) 셰익스피어의 전성기는 1590~1612년이다.

114) 《햄릿》, 3막 1장.

115) Aureng-Zeb(1675), 4막 1장.

116) Corneille, *La Mort de Pompée*(1644).

117) Louis Béat de Muralt는 1725년에 《영국과 프랑스인에 대해, 그리고 스위스 여행에 대해 쓴 편지》를 출판하였다.

118) 이 시구는 볼테르 자신이 쓴 것이다.

119) Misanthrope: 염세주의자라는 뜻의 몰리에르의 희곡.

120) 오딧세이에 나오는 오딧세이의 아내로 정절을 지키며 고향에서 오딧세이를 기다렸다.

121) 로마시대의 정치인으로 청렴하고 올곧은 인물의 상징이다.

122) 원제목은 *The Country wife*이며, 1675년에 상연되었다.

123) 반브루(Vanbrugh)가 설계한 블렌하임 성의 건축은 1705년 블렌하임 전투에서 패배한 지 1년 뒤에 기획되었다. 말보로 공작의 새로운 저택이 된 이 성은 여왕이 그에게 선물한 것이다.

124) 콘그리브(Congreve)는 1728년에 죽었다.

125) 존 허베이 남작이 1728년의 이탈리아 여행을 마치고, 1729년에 영국으로 돌아왔다. 볼테르는 1748년의 그 일을 말하고 있다.

126) 부알로(Boileau), 《풍자시 VIII》.

127) 볼테르의 오류. 이 일화는 베일의 사전에 나오지 않고, *Menagiana*(1715)에 나온다.

128) 1711년에 매튜 프라이어(Matthew Prior)가 밀사의 자격으로 유트레히트 조약을 협상하러 파리에 갔다. 이 조약에 따라 영국은 동맹을 탈퇴했다.

129) 1594년부터 파리 부르주아들의 작품을 모아 놓은 작품집.

130) 번역이 1730년에 나온다.

131) 영어로 된 원시에는 없는 반성직주의의 독설적 표현이다.

132) 부알로의 서사시(1674)에 대한 패러디.

133) 폴 드 라팽(Paul de Rapin)의 《영국 역사》를 말한다.

134) 타키투스(AD 55~120): 로마제정시대의 역사가. 《게르마니아》의 저자. 간결한 문체로 로마제국 초기의 역사를 서술하였다.

135) 1672년에 그리니치 천문대를 건립한 목표는 기공 문서에 명시되어 있다. 항해와 천문학의 이익을 위해 지구의 경도를 결정하는 것이다.

136) 영국의 반가톨릭적 법 때문에 포프(Pope)는 완전한 시민이 아니었다. 그러나 그의 경우는 예외적이다. 그의 협력자인 엘리자 펜톤은 학위를 얻지 못하고, 캠브리지를 떠날 수밖에 없었다.

137) 《라다미스트 *Rhadamiste*》의 저자는 크레비용(Crebillon).

138) 프랑스의 가장 위대한 고전 비극작가, 장 라신(Jean Racine)의 아들로 《종교 *La Religion*》를 쓴 루이 라신(Louis Racine)을 의미한다.

139) 장례에서 관을 덮는 천. 뉴턴의 관포는 왕립협회의 가장 고위직 인사들이 들었다.

140) 앤 올드필드와 아드리엔 르쿠브뢰르는 1730년에 죽었다. 생쉴피스 성당의 사제가 희극배우를 파문한 주교단의 명령에 따라 르쿠브뢰르의 기독교식 장례를 거부하였다. 볼테르는 1732년에 〈르쿠브뢰르 양의 죽음〉이라는 시에서 이에 대한 분노를 표현하였다.

141) Saint-Denis는 프랑스 파리 북쪽에 있는 도시로 생드니 수도원에는 프랑스 역대 왕의 묘가 안치되어 있으므로 영국의 웨스트민스터와 비교한 표현임.

142) 앙리 4세와 마리 드 메디치의 딸, 앙리에트 마리 드 프랑스를 말한다.

143) 수단은 가톨릭 신부들의 제복이다.

144) 청교도인 프린(Prynne)은 1637년에 귀가 잘리고 낙인이 찍히는 형벌을 받았다.

145) 볼테르는 아마도 보쉬에를 염두에 두고 말하는 것 같다. 보쉬에는 〈잠언과 희극에 관한 고찰〉에서 극예술에 반대해 분노를 표현한 바 있다.

146) 볼테르는 루이 15세의 왕비를 생각하고 있는 듯하다. 그녀는 볼테르의 《자이르》 공연에 참석했었다.

147) 왕실협회는 1660년에 설립되었고, 과학아카데미는 1666년 설립되었다.

148) 18세기 전반에 왕실협회 회원은 언제나 120명 이상이었고, 학자의 비율은 30%를 넘지 않았다.

149) 패랭은 아카데미 회원이 아니었다.

150) 세네카가 자주 하는 말이다.

151) 앙리 모랭이 1723년에 제출한 논문.

152) 영국 상인 피터 델메와 프랑스 재산가 사뮈엘 베르나르를 말한다.

153) 볼테르가 인용하고 있는 팡세는 포르 루아얄 출판사의 1714년 재판이다. [] 안의 번호는 M. Le Guern판의 번호이다(Pascal, oeuvres complètes, Gallimard, Bibliothèque de la Pléiade, t. II, 2000).

154) 파스칼의 《프로뱅시알 *Provinciales*》을 가리킨다.

155) 성 아우구스티누스가 공식화한 원죄 이론은 성서에 명시되어 있지 않음을 의미한다.

156) 인간은 창조의 완성이 아니다. 볼테르는 다른 행성에 다른 존재들이 존재한다는 생각을 거부하지 않는다.

157) 숨은 신이라는 표현은 팡세 653에 나타나 있다. 여기서 파스칼은 강생의 신비가 신의 아들을 알아보지 못하는 유대인들의 굳은 마음을 속이고 있다고 말한다.

158) 파이루스(BC 319~272): 에피르 왕국의 왕. 알렉산더 대왕의 친척이며, 제국을 건설하기 위해 왕국 확장에 나서 마케도니아를 정복하고 로마와의 전투에서 승리를 거두었다.

159) 파이루스 왕의 고문.

18세기 철학카페에서 맛보는 능청스런 풍자

18세기로부터의 편지

18세기로부터 날아온 볼테르의 철학 편지가 너무 낡았다고 생각되는가? 그렇다면 21세기도 10년을 훌쩍 넘긴 오늘의 시대는 볼테르가 제기했던 문제들이 올바르게 해소되어 그만큼 진보한 세상인가? 대답은 그리 간단치 않다. 볼테르가 살았던 시대로부터 많은 시간이 흘러 철학 편지에서 그가 언급했던 내용들의 일부는 시의성을 잃은 것처럼 보인다. 그러나 억압적인 권위와 광신, 비합리적인 사회 제도를 겨냥하여 그가 쏘아붙였던 비판 정신의 날카로움은 현대 사회에서 오히려 더욱 절실히 요청되고 있다. 비합리적인 억압과 광신은 아직도 우리 사회 곳곳에서 사라지지 않았기 때문이다.

구시대를 향해 던진 폭탄

볼테르의 《철학 편지》가 출판된 1734년, 이 책이 프랑스에서 불러 일으킨 파장은 대단했다. 그것은 마치 '구시대를 향해 던져진 최초의 폭탄'과도 같았다고 한다. 그로부터 55년 후에 일어난 프랑스 대혁명의 도화선이 《철학 편지》에 잠복해 있었던 것이다. 볼테르의 《철학 편지》는 성스러운 권력을 비웃을 줄 알게 해주었고, 이성적으로 시시비비를 가려내는 정신의 태도를 보여주었다. 여기서 조롱의 대상이 되었던 성직자들과 귀족들은 《철학 편지》를 불태우라 했고, 볼테르는 도피해야만 했다. 불온한 서적의 저자를 화형에 처하는 야만성에서 겨우 벗어난 시대였던 것이 천만다행이었다.

《철학 편지》는 볼테르가 32세에서 35세에 걸쳐(1726~1728) 영국에서 3년간 머물면서 보고 느낀 바를 편지 형식으로 기록한 책이다. 당시 영국은 프랑스보다 사상의 자유가 보장되어 있었고, 프랑스보다 앞서 의회 정치를 실현하고 있었다. 영국에 머무는 동안 프랑스와는 다른 사고와 문물을 접하게 된 볼테르는 영국에 대한 일종의 르포르타쥬를 쓸 생각을 하였다. 그러나 프랑스로 돌아와 이 책을 발표했을 때는 보다 철학적인 경향을 띠게 되었다. 처음에는 영어로 《영국에 관한 편지 *Letters concerning the English Nation*》라는 제목으로 1733년 런던에서 발간되었다가, 후에 프랑스어로 《영국인에 대해 런던에서 쓴 편지 *Lettres écrites de Londres sur les Anglais*》라는 제목으로 역시 런던에서 발간되었다. 다음해인 1734년에 프랑스에서 25번째 편지인 〈파스칼 씨의 팡세에 대한 고찰〉이 첨부되어 《철학 편지》라는 제목으로 발표되었다. 가장 문제가 된 것이 이 25번째 편지였고, 우리가 《철학 편지》라고 칭하는 것은 이 책을 가리킨다. 《철학 편지》는 볼테르에게도 인생의 중요한 고비가 된 작품이며, 향후 행동하는 지식인으로서의 볼테르의 특성과 방향이 이 《철학 편지》안에 모두 들어 있다고 볼 수 있다. 정치, 종교, 철학의 자유, 인간 생활의 개선, 실험적 방법, 정신의 사회적 가치 등 젊은 볼테르가 보고 배운 모든 것을 써놓았던 것이다.

볼테르의 생애

볼테르의 본명은 프랑수아 마리 아루에(François Marie Arouet)로 부르주아 출신이다. 아버지는 잘나가는 공증인이었고 부유한 편이어서 좋은 교육을 받을 수 있었다. 파리의 유서 깊은 명문고인 루이 르 그랑의 전신인 예수회 학교를 다녔다. 그의 대부였던 샤토뇌프 신부가 그를 상류 사회에 소개했고, 동창들 덕에 귀족들과 어울렸다. 그는 총명했고 재치가 있었다. 아버지의 고객이었던 니농이라는 사람이 유언으로 열 살 된 볼테르에게 책 사볼 돈을 남겨준 것을 보아도 알 수 있다. 볼테르는 12,3세 때부터 시를 짓기 시작했고, 재주를 인정받았다. 그러다 스물한 살이 되던 해 루이 14세가 죽고 오를레앙 공이 섭정을 시작했을 때, 그가 지은 시구가 문제가 되어 바스티유 감옥에 1년간 투옥되었다. "나는 이 모든 악행을 보았네. 나는 스무 살이 아니었네"라는 별것도 아닌 구절이었다. 당시 바스티유는 왕과 귀족들이 자신의 마음에 들지 않는 사람을 잡아 가두는 곳이었고, 투옥 기간과 석방 여부는 그들의 선의에 달려 있었다. 이유 없이 감옥에 갇힌 젊은이의 심정이 어떠했겠는가. 볼테르는 여기서 이름을 바꿔야겠다는 생각을 한다. 그래서 프랑수아 마리 아루에는 볼테르가 된다. 아루에라는 성이 부르주아 신분을 드러내기 때문이었다. 감옥에서 그는 《앙리아드》와 《외디푸스》의 초고를 집필했고,

출옥 후 공연하여 성공한다. 이 작품을 루이 14세의 딸과 영국왕 조지 1세에게 헌정하여 2000리브르의 연금을 받기도 한다.

1726년, 서른 살이 된 재기발랄하고 거칠 것 없는 이 젊은이에게 귀족 청년 로앙이 '성(姓)도 없는 부르주아'라고 빈정대는 일이 일어났다. 이에 볼테르는 "내 성은 나로부터 시작하지만, 당신의 성은 당신에게서 끝날 것이오"라고 응수하였다. 화가 난 귀족 로앙은 하인들을 시켜 거리에서 볼테르에게 뭇매를 가하도록 했고, 일개 공증인의 아들인 볼테르가 기사인 귀족에게 결투를 신청하기에 이른다. 그러나 자신과 친하다고 생각했던 귀족들이 모두 귀족 편을 드는 바람에 볼테르는 또다시 바스티유에 갇히게 된다. 이미 한 차례 수감 생활을 경험한 볼테르는 모든 인맥을 동원하여 청원하였고, 영국으로 간다는 조건으로 간신히 풀려났다. 영국으로 떠나기 전 볼테르에게는 약간의 돈이 있었다. 이미 신분의 불평등과 미래에 대한 불안을 느꼈던 볼테르는 재산이 있어야 한다는 생각을 뿌리 깊이 새기고 있었다. 일찍부터 은행가들과 교분을 쌓고 투기 사업에 참여해 돈을 모으기 시작했다. 그리하여 볼테르의 영국 생활은 망명이나 다름없었지만 궁핍하지는 않았던 것 같다. 셰익스피어 공연을 보러 다니고 카페에 드나들고, 《걸리버 여행기》를 쓴 스위프트 경과 교류한다. 영국에서 《앙리아드》를 출판하여 돈을 벌고, 그 책을 영국 여왕에게 헌정한다. 1728년 파리로 돌아온 볼테르는 1734년에 《철학편지》를 발표하고, 또다시 쫓기는 몸이 되고 만다.

이때부터 10년간 볼테르는 샤틀레 부인의 시레 성에 몸을 피해서 살았다. 샤틀레 부인은 자신의 실험실을 갖고 있던 물리학자였고, 뉴턴의 이론과 철학에 관심이 많았다. 부인은 볼테르에게 물리학과 수학을 가르쳐 주었고, 볼테르는 부인에게 영어를 가르쳐 주었다. 두 사람은 함께 여행하며 사람들을 만났다. 프러시아의 왕을 만나기도 했고, 궁정의 실세인 퐁파두르 부인과 교분을 쌓기도 했다. 그리고 퐁파두르 부인의 주선으로 볼테르는 왕의 사료편찬관이 되었고, 아카데미 회원으로 선출되었다. 볼테르-샤틀레 커플은 파리로 돌아와 베르사유 궁정이 아닌 소(Sceaux)에 자신들의 궁정을 만들어 살았다. 그러나 임신한 샤틀레 부인이 아이를 낳다 죽게 되고, 볼테르는 슬픔에 잠긴 채 홀로 남게 된다. 볼테르는 전에 프러시아 왕의 초대를 받았던 일을 생각해내고 1750년 프러시아의 포츠담으로 떠난다. 특별한 호의와 자유를 약속받았음은 물론이다. 프러시아의 왕 프레데릭이 프랑스어로 시를 지으면 볼테르가 교정을 해주는 역할이었는데, 그 대가로 2만 리브르(약 8만 달러)를 받았다. 그러나 성격이 강했던 두 사람은 3년 후 결별한다. 두 사람의 관계에 대해서 볼테르는 "왕은 내게 세탁할 속옷을 보내오지"라고 말했고, 왕은 "오렌지를 짜고 나면 껍질은 버리는 거지"라고 말했다는 일화가 있다. 돌아오는 길은 순탄하지 않았다. 루이 15세는 볼테르가 파리에 접근하지 못하도록 했다.

　이 무렵 볼테르는 이미 상당히 많은 돈을 예치해 두고 있었으므로 주네브 호수가에 집을 짓고 델리스(délice: 열락이라는 뜻)라고 이름 붙인 후 거기서 살았다. 극장도 지어 연극을 공연하고, 비서와 요리사를 두고 독립 자존의 생활을 누렸다. 《백과전서》에 협력하기 시작한 것도 이때였다. 마침내 1758년에는 프랑스 국경 근처 투르네와 페르네에 토지를 사들여 자신의 성을 건축하기 시작했다. 그곳은 국경 근처라 스위스와 문제가 생기면 프랑스로 도망가고, 프

동문선

《얀 이야기》 ⓒ 2000 JUN MACHIDA

랑스와 문제가 생기면 스위스로 도피할 수 있는 지점이었다. "철학자들은 뒤쫓아오는 개들을 피하기 위해 땅 속에 두세 개의 굴을 갖고 있어야 한다"는 것이 볼테르의 말이었다. 페르네는 당시 인구가 50명에 불과한 척박한 땅이었다. 볼테르는 이곳에 직물 공장과 시계 공장을 세우고, 주네브 공국에서 빠져나온 노동자들에게 일자리를 주고 정착시켰다. 20년 후 볼테르가 이곳을 떠날 때에는 인구가 1200명으로 늘어난 자족하는 마을이 되어 있었다.

페르네에 진영을 구축한 볼테르는 이성과 문명을 옹호하며 부당한 권력과 광신에 맞서 인간의 자유와 권리를 위해 싸우는 지성의 투사로서 활약한다. 칼라스 사건이 대표적인데, 칼라스라는 신교도가 가톨릭으로 개종하려는 아들을 살해했다는 누명을 쓰고 거열형에 처해진 일이 발생했을 때다. 사건을 전해들은 볼테르는 광신이 빚은 비극임을 알아차리고 그의 무죄를 증명하기 위해 발벗고 나섰다. 볼테르가 놀랐던 것은 판사들이 그가 신교도라는 이유로 이의를 제기하지 않았다는 점이었다. 마침내 3년 뒤 칼라스는 복권되고, 가족들은 피해를 보상받았다. 이를 계기로 볼테르는 불의를 고발하고 무고한 개인에게 가해지는 제도나 국가의 폭력을 문제삼아 지칠 줄 모르고 투쟁했다. 전세계의 지인들과 서신을 교환하고 팜플렛을 발간하고 여론을 불러일으켰다. 그가 매일 아침 썼던 편지들은 4만 통이 넘는다. 1778년, 84세가 된 볼테르는 드디어 개선장군처럼 파리로 귀환할 수 있었으니 파리를 떠난 지 28년 만이었다. 그러나 쇠약해진 건강이 감동과 피로를 이기지 못하여 석 달이 못 되어 죽었다. 사후 프랑스 혁명기에 그의 유해는 팡테옹에 안치되었다.

《철학 편지》를 읽는 재미

《철학 편지》는 25편의 편지로 구성되어 있다. 《철학 편지》에서 체계적인 철학 사상을 기대해서는 안 된다. 우리는 18세기의 철학 카페에 들어섰다는 느낌을 갖고 다양한 주제들에 귀 기울이며 새로운 지식과 풍자의 재미를 느껴 볼 수 있다.

영국의 종교가 어떻고, 영국의 의회가 어떻고, 영국이 어떻게 상업을 중시해서 부강해졌는지 볼테르가 말하고 있다. 그의 말은 명료하고 경쾌하며 능청스럽게 톡 쏘는 맛이 있다. 예를 들면 퀘이커교에 대한 호기심을 풀어주고, 영국 국교에 대한 이해를 돕는 설명을 하다가 어느새 프랑스 성직자들에게 독설을 날리는 것이다. "프랑스에서는 방탕으로 이름난 젊은이가 여인들의 간계로 고위 성직자까지 올라가고 공공연히 연애를 하고, 연가를 지어 즐기고, 매일 오랜 시간 맛있는 만찬을 베푼다. 그러다가 성령의 빛을 청하러 가서는 대담하게도 사도의 후계자를 자처한다"라고 빈정댄다. 또는 상업에 대해 이야기하다가 상인과 귀족을 비교하여 "왕이 몇 시에 일어나고 몇 시에 취침하는지를 정확하게 알고 총리대신의 응접실에서 하인노릇을 하며 위대한 체하는 분칠한 귀족"이라고 조롱한다. 유명 인물들의 뒷이야기도 들을 수 있다. 프랜시스 베이컨이 경험철학에서 쌓은 공로를 말하면서도 그가 부패와 연루되어 공직을 잃었던 사실을 환기시키고, 데카르트와 뉴턴의 생애를 비교하며 데카르트에게는 잊지 못할 첫사랑이 있었으나 뉴턴은 죽을 때까지 동정(童貞)이었다는 이야기도 던진다. 알려지지 않은 영국 시인들의 시를 손수 번역하여 소개하기도 하는데, 그 내용이 기독교를 비판하는 불경한 경우가 많다. 그러나 볼테르는 짐짓 시치미를 떼고 "번역자는 저자의 감정에 답하지 않아야 하며, 번역자가 할 수 있는 일이란 그의 회심을 위해 기도하는 일이고, 기도야말로 그의 회심을 위해 내가 빼놓지 않는 일과이다"라고 능청을 떤다. 능청이야말로 구제도의 당시 사회에서 그의 비판 정신을 보호해 주는 보호막 같은 것이었다.

광신이 아닌 관용으로

볼테르가 비판의 날을 세우는 것은 주로 가톨릭 교회를 공격할 때이다. 볼테르는 《루이 14세의 세기》라는 역사서를 쓰기도 했지만, 절대 왕권 자체를 문제삼지는 않았다. 그는 루이 14세 치하에서 태어났고, 21세가 될 때까지 태양왕의 통치를 보고 겪었다. 그는 오히려 루이 14세 시대에 문화와 예술이 융성했던 것에 주목하고 그 문명의 역사를 쓰고자 했다. 주권재민과 사회계약론을 주창한 루소만큼 혁명적인 사상을 잉태하지는 못했지만, 인간의 불평등한 조건을 완화하고 인간의 복지를 향상시킬 수 있도록 불합리한 제도를 폐기하고 새로운 제도의 개선을 도모하려 했다. 무엇보다도 그는 광신을 경계하고 관용을 주장했다. 그 당시는 볼테르가 태어나기 9년 전에 종교의 자유를 허락했던 낭트 칙령이 폐지되어 프랑스에서 신교도는 발붙일 수 없었던 시대였다. 《철학 편지》에서 처음 7편의 편지가 영국의 여러 종교를 다루고 있고, 가장 긴 마지막 편지가 파스칼의 《팡세》에 대한 비판적 주석인 것도 종교에 대한 이성적인 접근을 보여주는 것이다. 또한 신교도인 칼라스의 복권을 위해 헌신적으로 투쟁했던 일이 볼테르를 행동하는 지식인으로 거듭 나게 하였으니, 관용이야말로 볼테르가 우리에게 전해 주려 한 가장 큰 가치라고 할 수 있다. "영국에 종교가 하나밖에 없었다면 그 횡포를 염려해야 했을 것이다. 종교가 두 개 있다면 서로 상대의 목을 쳤을 것이다. 그러나 종교가 서른 개나 있으니 행복한 평화 속에 살고 있는 것이다"라고《철학 편지》에서 말하고 있다. 볼테르의 파스칼 비판 역시 무신론자의 신성모독적인 비판이 아니라《팡세》의 지나치게 염세적인 인간관이나 신앙의 절대성에 내재되어 있는 광신의 위험을 경고한 것으로 읽을 수 있다.

볼테르는 가톨릭 교회로부터 위험 인물로 간주되었고, 언제나 불경의 죄를 짓고 살았지만 볼테르를 위시한 계몽주의자들 덕분에 기독교는 배타적 종교들이 갖기 쉬운 광신과 폭력의 위험을 경계할 수 있게 되었다. "종교를 폐기하려고 일어난 계몽주의와 세속화가 역설적이게도 종교를 치유했고, 지배와 폭력에 등 돌리게 했으며, 민주주의와 다원 사회를 받아들이게 했다"고《그러니, 십계명은 자유의 계명이다》에서 현대의 신학자 노트커 볼프는 말하고 있다. 현대 사회에서도 여기저기에서 광신에 의한 전쟁과 폭력이 사라지지 않고 있다는 사실은 계몽의 빛이 여전히 필요하다는 것을 말해 주는 것이라 하겠다.

사회를 변화시킨 한 권의 책

볼테르는 18세기를 대표하는 인물이다. 1694년에서 1778년까지 비교적 장수했던 그의 생애가 18세기를 관통하고 있을 뿐만 아니라 계몽주의로 요약되는 18세기 정신의 형성과 파급에 누구보다도 지대한 영향을 미쳤기 때문이다. 당시의 프랑스인들은 《철학 편지》를 통해 바다 건너 영국의 로크와 뉴턴을 알게 되고, 프랑스의 자존심인 데카르트의 오류와 파스칼의 오류에 대해서도 생각하게 되었다. 자신들과 다르게 생각하고 다르게 살아가는 사람들이 있다는 사실과 자신들이 틀릴 수도 있다는 사실을 알았다. 조세 제도를 비롯한 새로운 사회 제도의 필요성에 대해서도 눈뜨게 되었으며, 이성과 인간성에 대한 믿음, 자유로운 정신의 가치를 확신하게 되었다. 그리고 오늘, 볼테르의 상상을 훨씬 넘어설 정도로 문명과 상업이 발달한 시대를 살고 있는 우리는 《철학 편지》를 읽으면서 한 권의 책이 사회 변화에 미칠 수 있는 힘에 감동하고, 정신의 자유야말로 그 무엇도 억누를 수 없는 최고의 가치임을 실감하는 것이다.

번역의 원본은 2008년에 Flammarion 출판사에서 펴낸 Le Monde de la Philosophique 총서의 볼테르편 Lettres philosophiques, Edition, notes et bibliographie par Gerhardt Stenger를 사용했다.

이병애
한국외국어대학교 프랑스어과 졸업,
서울대학교대학원 불어불문학과에서 문학석사, 문학박사 학위 취득,
외대 서울대 목원대 강사 역임
논문 : 〈폴 발레리의 잠과 깨어남〉〈프랑스 산문시의 한 행로〉
역서: 《피아제 교육론》《미크로메가스, 캉디드 혹은 낙관주의》

문예신서
390

철학 편지

볼테르 著
이병애 譯

초판 발행   2014년 1월 4일

東文選

제10-64호, 1978년 12월 16일 등록
[110-300] 서울 종로구 인사동길 40
전화 02-737-2795
이메일 dmspub@hanmail.net

ISBN 978-89-8038-684-0 94160
ISBN 978-89-8038-000-8 (문예신서)

【東文選 文藝新書】

80 이오네스코 연극미학	C. 위베르 / 박형섭	9,000원
81 중국문자훈고학사전	全廣鎭 편역	23,000원
82 상말속담사전	宋在璇	10,000원
83 書法論叢	沈尹黙 / 郭魯鳳	16,000원
84 침실의 문화사	P. 디비 / 편집부	9,000원
85 禮의 精神	柳肅 / 洪熹	20,000원
86 조선공예개관	沈雨晟 편역	30,000원
87 性愛의 社會史	J. 솔레 / 李宗旼	18,000원
88 러시아 미술사	A. I. 조토프 / 이건수	26,000원
89 中國書藝論文選	郭魯鳳 選譯	25,000원
90 朝鮮美術史	關野貞 / 沈雨晟	30,000원
91 美術版 탄트라	P. 로슨 / 편집부	8,000원
92 군달리니	A. 무케르지 / 편집부	9,000원
93 카마수트라	바짜야나 / 鄭泰爀	18,000원
94 중국언어학총론	J. 노먼 / 全廣鎭	28,000원
95 運氣學說	任應秋 / 李宰碩	15,000원
96 동물속담사전	宋在璇	20,000원
97 자본주의의 아비투스	P. 부르디외 / 최종철	10,000원
98 宗敎學入門	F. 막스 뮐러 / 金龜山	10,000원
99 변 화	P. 바츨라빅크 外 / 박인철	10,000원
100 우리나라 민속놀이	沈雨晟	15,000원
101 歌訣(중국역대명언경구집)	李宰碩 편역	20,000원
102 아니마와 아니무스	A. 융 / 박해순	8,000원
103 나, 너, 우리	L. 이리가라이 / 박정오	12,000원
104 베케트연극론	M. 푸크레 / 박형섭	8,000원
105 포르노그래피	A. 드워킨 / 유혜련	12,000원
106 셀 링	M. 하이데거 / 최상욱	12,000원
107 프랑수아 비용	宋勉	18,000원
108 중국서예 80제	郭魯鳳 편역	16,000원
109 性과 미디어	W. B. 키 / 박해순	12,000원
110 中國正史朝鮮列國傳(전2권)	金聲九 편역	120,000원
111 질병의 기원	T. 매큐언 / 서 일 · 박종연	12,000원
112 과학과 젠더	E. F. 켈러 / 민경숙 · 이현주	10,000원
113 물질문명 · 경제 · 자본주의	F. 브로델 / 이문숙 外	절판
114 이탈리아인 태고의 지혜	G. 비코 / 李源斗	8,000원
115 中國武俠史	陳山 / 姜鳳求	18,000원
116 공포의 권력	J. 크리스테바 / 서민원	23,000원
117 주색잡기속담사전	宋在璇	15,000원
118 죽음 앞에 선 인간(상 · 하)	P. 아리에스 / 劉仙子	각권 15,000원
119 철학에 대하여	L. 알튀세르 / 서관모 · 백승욱	12,000원